대학과 손자병법을 읽으며

정태성

머리말

　고전은 그 분야에 상관없이 꾸준히 읽고 생각해야 할 가치가 있을 것입니다. 자기 분야가 아니라 할지라도 계속해서 읽다 보면 삶에 커다란 도움이 되는 것은 너무나 당연할 것입니다.

　대학과 손자병법 또한 마찬가지일 것입니다. 이 두 책이 수천년 동안 읽혀온 것은 그 안에 지혜가 삶의 원리들이 가득 들어있기 때문입니다.

　언젠가부터 고전을 옆에 두고 조금씩 읽는 습관이 생기기 시작했습니다. 거듭거듭 읽을수록 그 진정한 가치를 느끼게 되곤 하였습니다.

　많은 해설이 있는 것보다는 원전 그 자체가 중요함을 깨닫게 됩니다. 읽을 때마다 새로운 것을 조금씩이라도 알게 되었기 때문입니다. 이 간략한 책자가 조금이라도 도움이 되길 희망합니다.

2023. 8

차례

<대학>

<손자병법>

<대학>

1. 경1장

大學之道 在明明德 在親(新)民 在止於至善
대학지도는 재명명덕하며 재친(신)민하며 재지어지선이니라

대학의 도는 명덕(밝은 덕)을 밝힘에 있으며, 백성과 친함(새롭게)에 있으며, 지선(지극한 선)에 그침에 있다.

[대학은 큰 사람의 학문을 말함이다. 큰 사람은 소인과 대비된다. 큰 사람이란 도덕적 인격 수준이 높은 자로, 천하를 다스리고 교화할 수 있는 사람을 말할 것이다.
따라서 대학은 성인이나 군자처럼 훌륭한 덕이 있는 사람의 학문과 천자처럼 높은 지위에 있는 사람의 학문이라 할 것이다.
명덕은 배우거나 익혀서 얻는 후천적인 것이 아니라 사람이 태어날 때부터 지닌 덕을 말함이다. 사람의 본성은 비록 맑고 순수한 모습이기에 명덕이라 할 것이다. 이러한 명덕을 밝히는 데 대학의 도가 있다.
사람은 누구나 오랫동안 가지고 있던 것을 새로이 바꾸기가 굉장히 어렵다. 따라서 새로운 사람으로 거듭날 수 있도록 하는 데 대학의 도가 있다.

지어지선이란 지선의 경지에 머물러 옮겨가지 않음을 뜻한다. 지선이란 사물의 이치가 당연히 이르는 궁극을 말한다. 밝은 덕을 밝히고 백성을 새롭게 하는 것은 모두 지극한 선의 경지에 머물러서 옮기지 않는 것이다.]

知止而后有定 定而后能靜 靜而后能安 安而后能慮 慮而后能得
지지이후유정하고 정이후능정하며 정이후능안하고 안이후능려하며 려이후능득이니라

그칠 데를 안 뒤에 정함이 있으니, 정한 뒤에 능히 고요하고, 고요한 뒤에 능히 편안하고, 편안한 뒤에 능히 생각하고, 생각한 뒤에 능히 얻는다.

[지(止)는 마땅히 그쳐야 하는 곳, 즉 지극한 선이 있는 곳이다. 정(靜)은 망령스럽게 행동하지 않는 마음이다. 안(安)은 처하면서 편안히 하는 바를 말한다. 려(慮)는 일을 처리하는 것이 정밀하고 상세한 것을 뜻한다. 득(得)이란 그치는 바를 얻는 것을 말한다.]

物有本末 事有終始 知所先後 則近道矣
물유본말하고 사유종시하니 지소선후면 즉근도의니라

사물에는 본(근본)과 말(말단)이 있고, 일에는 끝과 시작이 있

으니, 먼저 할 바와 나중에 할 바를 알면 도에 가까운 것이니라.

[밝은 덕이 근본이 되고 백성을 새롭게 하는 것이 끝이 되니, 그침을 아는 것이 시작이고, 터득할 수 있는 것이 마침이다.]

古之欲明明德於天下者 先治其國 欲治其國者 先齊其家
고지욕명명덕어천하자는 선치기국하고 욕치기국자는 선제기가하고

예로부터 밝은 덕을 천하에 밝히고자 하는 자는 먼저 그 나라를 다스리고 그 나라를 다스리려 하는 자는 먼저 그 집안을 가지런히 하고,

欲齊其家者 先脩其身 欲脩其身者 先正其心 欲正其心者 先誠其意
욕제기가자는 선수기신하고 욕수기신자는 선정기심하고 욕정기심자는 선성기의하고

그 집안을 가지런히 하고자 하는 자는 먼저 그 몸을 닦고, 그 몸을 닦으려 하는 자는 먼저 그 마음을 바루고, 그 마음을 바루고자하는 자는 먼저 그 뜻을 성실히 하고,

欲誠其意者 先致其知 致知在格物

욕성기의자는 선치기지하니 치지는 재격물하니라

그 뜻을 성실히 하고자 하는 자는 먼저 그 지식을 지극히 하였고, 지식을 지극히 함은 사물의 이치를 궁구함에 있다.

[치(致)란 노력하여 최상의 상태에 이르는 것이다. 능히 배우고 익혀서 아는 것을 불러내어 이르게 하는 것이다. 자의 지식을 궁극까지 밀고 가서 아는 바가 다하지 않음이 없게 하고자 함을 뜻한다.]

物格而后知至 知至而后意誠 意誠而后心正 心正而后身脩
물격이후지지하고 지지이후의성하고 의성이후심정하고 심정이후신수하고

사물의 이치가 이른 뒤에 지식이 지극해지고 지식이 지극해진 뒤에 뜻이 성실해지고, 뜻이 성실해진 뒤에 마음이 바루어지고, 마음이 바루어진 뒤에 몸이 닦아지고,

身脩而后家齊 家齊而后國治 國治而后天下平
신수이후가제하고 가제이후국치하고 국치이후천하평하니라

몸이 닦아진 뒤에 집안이 가지런해지고 집안이 가지런한 뒤에 나라가 다스려지고 나라가 다스려진 뒤에 천하가 평해진다.

[격물(格物)은 사물의 이치에 끝까지 이르러 궁극의 곳에 이르지 않음이 없게 하고자 함을 뜻한다.

지지(知至)란 내 마음이 아는 바가 다하지 않음이 없음을 말한다.]

自天子以至於庶人 壹是皆以脩身爲本
자천자이지어서인이 일시개이수신위본이니라

천자로부터 서인에 이르기까지 일체 모두 수신을 근본으로 삼는다.

其本亂而末治者否矣 其所厚者薄而其所薄者厚 未之有也
기본난이말치자부의며 기소후자에박이오 이기소박자에후하리미지유야니라

그 근본이 어지럽고서 끝이 다스려지는 자는 없으며, 후히 할 것에 박하게 하고서 박하게 할 것에 후히 하는 자는 있지 않다.

전1장 <明明德>

康誥曰 克明德
강고왈 극명덕하니라

강고에 말하기를 '훌륭히 덕을 밝혔다'하였고

[강고는 서경 주서의 편명이다. 성왕이 관숙과 채숙을 징벌하고 은나라의 남은 백성들을 위하여 문왕의 아들이며 무왕의 동생인 강숙을 봉하였을 때 쓴 글이다.]

太甲曰 顧諟天之明命
태갑왈 고시천명명이라하며

태갑에 말하기를 '이 하늘의 밝은 명을 돌아보셨다'하였고

[태갑은 서역 상서의 편명이다. 이 편은 이윤이 태갑에게 가르침을 알려준 절차와 태갑이 이윤과 주고받은 글을 모아놓은 것이다. 이 글에는 앞시대에 살았던 선왕인 탕임금이 이러하였다는 것을 알려줌으로써 태갑 역시 선왕의 덕을 본받아야 한다는 의미를 담고 있다.

이러한 가르침의 결과로 태갑이 현명해지자 이윤은 태갑을 다시 불러 왕의 자리에 앉혔다.
후대에 이윤이 태갑을 내친 일을 두고 맹자에게 현명한 신하는 어질지 못한 왕을 내몰아도 되느냐고 묻자 맹자는 이윤의 뜻을 지니고 있다면 가능하지만 그렇지 않고 왕위가 탐나서 사사로운 뜻을 지니고 하는 것이라면 찬탈이라고 말했다.]

帝典曰 克明峻德
제전왈 극명준덕이라 하니

제전에서는 '큰 덕을 밝힐 수 있다'고 했으니

[제전은 서경 우서의 편명이다. 이 편은 요임금의 공적을 실어 놓은 것으로 요전이라고도 한다. 후세에는 여기에 실린 일들을 통치의 표준으로 생각하였다.
그 내용은 밝은 덕을 밝히면 모든 친족이 서로 친애하게 되고 이것이 더욱 확대되어 화목한 풍속을 이루게 된다는 것이다.
대학에서 몸을 닦음에서 천하를 태평하게 함에 이르는 과정을 설명하는 원형이 된다.]

皆自明也
개자명야니라

모두 스스로를 밝힘이니라

[주희는 하늘의 밝은 명은 곧 하늘이 나에게 준 까닭으로 내가 덕으로 삼은 바이니 항상 눈이 그곳에 있으면 때마다 밝지 않음이 없는 것이다라고 하였다.]

전2장 <新民>

湯之盤銘曰 苟日新 日日新 又日新
탕지반명왈 구일신이어든 일일신하고 우일신이라 하며

탕왕의 반명에 말하기를 '진실로 날로 새로워지면 나날이 새로워지고 또 날로 새롭게 하라' 했고

[탕임금은 하나라의 걸왕을 정벌하고 은나라를 세웠다. 그는 순임금때 사도를 지낸 설의 후손이며 성탕, 무탕, 천을이라고도 불렸다.
반명이란 큰 대야에 새겨진 글을 말한다. 옛날에는 그릇이나 일상생활에서 자주 접하는 물건 등에 자신을 경계하는 글귀를 새겨넣고서 대할 때마다 경각심을 일깨우고자 했다.
사람이 마음을 씻음으로써 악을 제거하는 것을 마치 그 몸을 씻는 것과 같다고 보았다. 대야에 글을 새긴 것은 때를 씻음으로써 나날이 새로워지고 또 날로 새로워짐에 끊어짐이 있어서는 안 된다는 뜻이다.]

康誥曰 作新民

강고왈 작신민이라 하며

강고에서는 '새로이 백성을 만드셨다' 했으며

詩曰 周雖舊邦 其命維新
시왈 주수구방이나 기명유신이라 하니

시에서는 말하기를 '주 비록 오랜 나라이나 그 명은 새롭기만
하다'고 했으니

是故君子無所不用其極
시고군자무소불용기극이니라

이러므로 군자는 그 극을 쓰지 않는 바가 없는 것이다.

[극(極)이란 스스로 새워지고 백성을 새롭게 하여 모두가 지극
한 선에 머무르게 하고자 함이다.]

전3장 <止於至善>

詩云 邦畿千里 惟民所止
시운 방기천리여 유민소지라 하니라

시경에는 말하기를 '왕기 천리여! 백성들이 머무는 곳일세'라고
하였으며

[시경 "상송 현조"의 일부이다. 이 시의 의미는 국경 안에 백
성이 머무는 곳은 사방 천리뿐이지만 그 영향력은 온 누리에
미친다는 것이다.
대학에서 이 시를 인용한 것은 지어지선을 설명하는 과정에서
머무는 곳을 설명하기 위한 것이다. 주희는 사물에는 각기 머
물러야 할 곳이 있음을 설명하기 위해 이 시를 인용하였다.
여기서 왕기란 임금이 머무는 땅의 사방 천리를 말한다. 이는
천하의 가운데에 있어서 사방의 사람들이 모두 그곳으로 들어
가 머물고 싶어한다고 한다.
이 시는 마치 일에 지극한 선한 이치가 있어 사람들이 마땅히
이고세서 머물러야 하는 것과 같다는 의미에서 인용되었다.
왕도정치를 말할 때 나라의 중심은 중원이라 하고 그 주변에

천자의 영향이 미치지 않는 범위를 사이라고 한다. 중원에서 멀어지고 사이에 가까워질수록 왕도가 미치지 못한다. 이를 방지하기 위해 백성을 중원으로 모아야 한다.]

詩云 緡蠻黃鳥 止于丘隅 子曰 於止 知其所止 可以人而不如鳥乎

시운 민만황조여 지우구우라하야늘 자왈 어지에 지기소지로소니 가이인이불여조호아

시경에 또 말하기를 '예쁜 꾀꼴새가 언덕 모퉁이에 머물렀네!' 라 하였는데, 공자는 말씀하시기를 '머무름에 있어 그 머무를 바를 아나니 가히 사람이 면 새만 같지 못 할 수 있겠는가!' 고 하셨다

[시경 "소아 도인사" 중 면만의 일부이다. 이 시는 미천한 신하가 난세를 풍자한 것이다. 대신이 어진 마음을 쓰지 않아 자기 자신이 잊혀가는 것을 풍자해서 쓴 시이다.
여기서는 현인이 초야에 묻혀 사는 것을 황조가 숲이 우거진 곳에 머물러 있는 것에 비유하였다.]

詩云 穆穆文王 於緝熙敬止 爲人君 止於仁 爲人臣 止於敬

시운목목문왕이여 어집희경지라하니 위인군엔 지어인하시고 위인신엔 지어경하시고

시경에 말하기를 '훌륭하신 문왕이시여! 아아, 끊임없이 밝으시어 안온히 머무시었다.'라 하였으니 임금이 되어서는 인에 머무셨고, 신하가 되어선 경에 머무셨고

[시경 "대아 문왕"의 일부이다. 이 시에서 경지를 주희는 '공경하게 자신이 머물 곳에 머무시는구나'로 해석하였다.]

爲人子 止於孝 爲人父 止於慈 與國人交 止於信
위인자엔 지어효하시고 위인부엔 지어자하시고 여국인교엔 지어신이러시다

남의 아들이 되어선 효에 머무셨고, 남의 부가 되어선 자에 머물렀으며 국인과 사귐에는 신에 머무셨던 것이다.

[인이 첫 번째, 경이 두 번째, 효가 세 번째, 자가 네 번째, 신이 다섯 번째인데, 이는 지어지선 가운데 큰 조목들이다.]

詩云 瞻彼淇澳 菉竹猗猗 有斐君子 如切如磋 如琢如磨
시운 첨피기오한대 녹죽의의로다 유비군자여 여절여차하며 여탁여마라

시경에 말하기를 저 기수의 굽이진 곳 바라보니 푸른 대숲 무성하네. 의젓하신 군자여 깎은 듯 다듬은 듯하며 쪼으는 듯하네

[시경 "위풍 기욱"의 일부이다. 이는 위나라 사람들이 무공의 덕을 찬미한 것이다. 푸른 대나무가 막 자라나면서 곧고 훌륭하게 커가는 모습을 학문과 수행이 증진됨에 비유하여 노래한 것이다.]

瑟兮僩兮 赫兮喧兮 有斐君子 終不可喧兮
슬혜한혜며 혁혜훤혜니 유비군자여 종불가훤혜라하니

점잖고도 위엄 있으시며 훤하고도 뚜렷하심이여! 의젓하신 군자님을 내내 잊을 수 없도다고 하셨다

如切如磋者 道學也 如琢如磨者 自脩也 瑟兮僩兮者 恂慄也
여절여차자는 도학야오 여탁여마자는 자수야오 슬혜한혜자는 순율야오

깎은 듯 다듬은 듯하다는 것은 배움을 말하고, 쪼으는 듯 갈은 듯하다는 것은 스스로 닦음이요, 점잖고도 위엄있다는 뜻은 엄하고 빈틈 없음이요,

[주희는 잘라만 놓고 다듬지 않게 되면 지극한 선에 도달하지 못하고, 깎아만 놓고 갈아놓지 않아도 지극한 선에 도달하지 못한다고 설명하였다. 그리고 치밀하고 굳세어 성실함과 공경함이 마음속에 있게 되고, 빛나고 성대하여 위엄있는 태도가

21

밖으로 드러나는 데 도달하였다고 할지라도 지극한 선이 아니라면 백성에게 오래도록 잊힐 수 없는 경지에는 도달하지 못한다고 하였다. 따라서 이를 통하여 배움과 자질을 닦음, 삼가는 태도, 위엄을 갖춘 태도 등이 모두 지극한 선에 도달할 수 있을 정도여야 함을 강조하고 있다.]

赫兮喧兮者 威儀也 有斐君子 終不可喧兮者 道盛德至善 民之不能忘也
혁혜훤혜자는 위의야오 유비군자 종불가훤혜자는 도덕성지선을 민지불능망 야니라

훤하고도 뚜렷하다는 것은 위의요, 의젓하신 군자를 내내 잊을 수 없음은 성덕의 지선함을 백성들이 잊을 수가 없음을 말한 것이다.

詩云 於戲 前王不忘
시운어희라 전왕불망이라 하니

시경에 '아아, 앞의 임금을 잊지 못하리로다!' 하였나니

君子賢其賢而親其親 小人樂其樂而利其利 此以沒世不忘也
군자현기현이친기친하고 소인락기락이리기리하나니 차이몰세불망야니라

군자는 어진 이를 어질다하며 친한 이를 친하게 하고, 소인은 그 즐김을 즐기고 그 이익을 이익되게 하니 이래서 세상을 떠나도 잊지 못하는 것이다.

전4장 <本末>

子曰 聽訟吾猶人也 必也使無訟乎 無情者不得盡其辭 大畏民志
此謂知本
자왈 청송이 오유인야나 필야사무송호인저하시니 무정자부득진
기사는 대외 민지니 차위지본이니라

공자께서 말씀하시기를 '송사를 처리함에 있어 나도 남과 같으
나 반드시 송사가 없게 만들고자 한다'라 했다 진실함이 없는
자로 그 말을 다하지 못하게 하는 것은 백성들의 뜻을 크게 두
려워하기 때문이니 이것을 근본의 앎이라 이르는 것이다.

[사람이 편파적이라 해도 공정하게 판정하도록 노력하겠다는
말이지만 나라를 잘 다스려서 시비 판결의 송사 그 자체가 생
기지 않도록 하는 것이 더 의미가 있을 것이다.]

전5장 <格物致知>

此謂知本
차위지본이니라

此謂知之至也
차위지지지야니라

이것을 일러 지식이 지극하다고 하는 것이다.

格物致知(이룰 격, 만물 물, 이를 치, 알지)
(사물의 이치를 연구하여 후천적인 지식을 명확히 함.)
고사 : 四書의 하나인 大學에 三綱領(明明德, 新民, 止於至善),
八條目(格物, 致知, 誠意, 正心, 修身, 齊家, 治國, 平天下)이
나온다. 朱子는 '格物致知'에서 '格'은'이르다(至), '物'은'사물,
만물', '致知'는 '앎을 이루다'는 말로, "만물은 무릇 한 그루의
나무, 한 잎의 풀에 이르기까지 각각 이(理)를 갖추고 있다. 이
이치를 하나하나 캐어 들어가면, 어느 땐가 한번 활연(豁然; 환
하게 터진 모양)히 만물의 표리정조(表裏精粗; 겉과 속, 자세함
과 거칠음)를 밝힐 수가 있다"라고 하였다.

이에 王陽明은 의문을 제기하여 다음과 같이 풀이하였다. '格物'의 '物'은 '事'이다. 事라는 것은 어버이를 섬긴다(事)든가, 임금을 섬긴다든가 하는 마음의 움직임을 말하는 것이다. 事라고 하면 거기에 마음이 있고, 마음 외에는 物도 없고 理도 없다. 그러므로 '格物'의 '格'은 '正'으로, 바르게 한다는 뜻이다. '事를 바르게 함' 곧 마음을 바르게 하는 것이 '格物'이다. 또한, 악을 떠나 마음을 바르게 함으로써, 마음속에 선천적으로 갖추고 있는 良知를 밝힐 수 있으며 이것이 '知'를 이루는 '致' 곧 '致知'이다.

또한 大學은 그 서문에 나타나 있듯이 '옛날 태학(太學)에서 사람들을 가르치던 책'인데, "천자로부터 서민에 이르기까지 모든 사람이 똑같이 수신(修身), 즉 일신의 수양을 근본으로 여겨야 함. (自天子以至於庶人 壹是皆以修身爲本)"을 강조하여 밝히고 있는데, 주자는 이를 '대인의 학문(大人의 學問)'이라고도 밝히고 있다.

팔조목에서 格物, 致知, 誠意, 正心은 인간의 내적 성장에 관한 것을 나타내고, 齊家, 治國, 平天下는 인간의 외적 성장과 외적 확산의 과정을 나타내는데, 이와 같은 내적 성장과 외적 확산의 2대 과정의 주체가 되는 것은 역시 인간이므로 인간이 해야 할 일은 자신을 갈고 닦는 것, 즉 수신을 하고 자신의 생활을 계발(啓發)하는 것이다. 따라서 내적 심화와 외적확산의 과정이 조화되어야 개인의 인격 함양이나 성장이 잘 이루어진다는 것이다. 내적 발달이 없는 상태에서 외적 확산만 하는 사람은 개인의 힘과 세력이 피상적이고 일방적인 확산에 그치게 되고, 반대로 외적 확산없이 내적 심화만을 하는 사람은 보람 있는 사회활동에의 참여를 하지 못하게 되어'고립적인 인간'이 된다는 것이다. 개인의 인격이 더 성숙해지기 위해서는 인간의 내적성장이 계속됨에 따라 각종 사회적 관계가 더 폭넓게 되는 등의 외적성장도 아울러 필요하다는 것이다. 즉 내적성장과 외적성장이 상호보완적인 조화를 이루어야 한다.

所謂致知在格物者는 言欲致吾之知인댄 在卽物而窮其理也라
소위치지재격물자 언욕치오지지 재즉물이궁기리야

이른바 앎을 깊이 함이 사물을 구명함에 있다는 것은, 나의 앎을 깊이 하려면 사물에 대하여 그 이치를 궁구함에 있음을 말한다.

蓋人心之靈이 莫不有知요 而天下之物이 莫不有理언마는 惟於理에 有未窮이라 故로其知有不盡也니
개인심지령 막불유지 이천하지물 막불유리 유어리 유미궁 고기지유불진야

사람 마음의 영명함이 앎이 없을 수 없고, 이 세계의 사물이 이치가 있지 않은 것이 없는데, 다만 그 이치에 채 구명되지 못함이 있기 때문에 그 앎이 미진한 데가 있게 된다.

是以로 大學始教에 必使學者로 卽凡天下之物하여 莫不因其已

知之理而益窮之하여 以求至乎其極하나니
시이 대학시교 필사학자 즉범천하지물 막불인기이지지리이익궁
지 이구지호기극

이러므로 대학에서 맨 먼저 가르침에 반드시 배우는 자로 하여
금 천하의 사물에 즉하여 그 이미 알고 있는 이치에 더욱 추구
해서 그리하여 그 궁극에까지 도달하게 했나니,

至於用力之久而一旦豁然貫通焉이면 則衆物之表裏精粗가 無不
到하고 而吾心之 全體大用이 無不明矣리니
지어용력지구이일단활연실통언 즉중물지표리정조 무불도 이오
심지전체대용 무불명의

힘씀이 오래이고 나서 일단에 확 트이는 경지에 이르게 되면,
모든 사물의 표와 리(겉과 속), 정과 조(자세함과 거칠음)가 드
러나지 않음이 없이 되고, 내 마음의 온전한 체와 커다란 용이
밝혀지지 않음이 없게 되리니

此謂物格이며 此謂知之至也니라
차위물격 차위지지지야

이를 두고 「사물이 구명됨」이라 하며, 이를 두고 「앎의 투철해
짐」이라 한다.

전6장 <誠意>

所謂誠其意者 毋自欺也 如惡惡臭 如好好色 此之謂自謙 故君
子 必愼其獨也
소위성기의자는 무자기야니 여악악취하며 여호호색이 차지위자
겸이니 고로 군자는 필신기독야니라

이른바 그 뜻을 정성되이 한다는 것은 스스로 속이지 않는 것
이니, 고약한 냄새를 싫어함과 같으며, 좋은 색을 좋아함과 같
은 것을 일컬어 스스로 기꺼워함이라 하나니 때문에 군자는 반
드시 그 홀로를 삼가는 것이다.

[주희는 이 장에서의 중심은 스스로를 속이지 않음과 스스로
만족하고 흔쾌히 선을 행하고 악을 제거함이라고 보았다.
여기서 스스로를 속이지 않음의 상태에서는 선을 행하고 악을
제거해야 한다는 사실을 이해하기는 하지만, 마음에서 발현된
것이 아직 충실하지 않다고 본다.
선을 행하고 악을 행하지 말아야 한다는 것은 알고 있으므로,
선을 행하고 악을 행하지는 않지만, 마음 한쪽에 그러고 싶지
않은 마음이 여전히 남아 있는 상태이다.

이는 하고자 하는 바와 해야 하는 바의 두 마음이 있는 상태이다.

반면 스스로 만족하고 흔쾌히 선을 행하고 악을 제거함의 상태에서는 자신이 하고 싶은 일과 자신이 해야 할 일이 일치되어 있다.

즉 다른 사람의 시선을 의식하여 다른 사람을 위해 행동하는 것이 아니다. 이처럼 자신이 하고 싶은 일과 자신이 해야 할 일이 일치되었는지는 타인은 알지 못하지만 자신만은 안다.

따라서 이 지점을 움직임이 미약한 곳이며, 선악이 갈라져 나온 곳으로 본다.

자기(自期)란 악을 제거하여 선해야 함을 알면서도 마음이 드러나는 바가 성실하지 못한 것이 있는 것을 말한다. 보통 사람은 스스로에게 관대하며 홀로 있을 때 나태해지기 마련이다. 남을 꾸짖는 마음으로 자기를 꾸짖고, 자기를 용서하는 마음으로 남을 용서해야 할 것이다. 군자는 늘 자신에게는 엄격하며 남을 수용하는 마음을 지녀야 한다.]

小人閒居爲不善 無所不至 見君子而后 厭然 揜其不善 而著其善

소인이 한거에 위불선하되 무소불지하다가 견군자이후에 염연 엄기불선하고 이저기선하나니

소인이 혼자 있어 선하지 못한 짓을 하여 이르지 않는 곳이 없다가 군자를 보곤 슬쩍 시침을 떼고, 그 선하지 못함을 가리고

그 선함을 드러내려 한다.

[군자는 스스로를 속이지 않는 것이요, 반드시 제 홀로 있을 때를 삼간다는 뜻이다. 군자는 보이지 않는 곳에서도 경계하고 삼가며, 들리지 않는 곳에서 두려워하고 두려워하는 것이란 의미이다.]

人之視己 如見其肺肝然 則何益矣 此謂誠於中 形於外 故君子必愼其獨也
인지시기 여견기폐간연이니 즉하익의리오 차위성어중이면 형어외니 고로 군자필신기독야니라

사람들이 자기를 알아봄이 마치 그 폐와 간을 봄과 같으니 곧 무슨 이익이 있겠는가 이런 것을 일러 안에서 정성되면 밖으로 나타난다고 하나니, 그러므로 군자는 반드시 그 홀로를 삼가는 것이다.

曾子曰 十目所視 十手所指 其嚴乎
증자왈 십목소시며 십수소지니 기엄호인저

증자가 말하기를 '열개의 눈이 보는 바이며 열 손가락이 가리키는 바이니 그 엄하이여!'

富潤屋 德潤身 心廣體返 故君子必誠其意

부윤옥이오 덕윤신이니 심광체반하나니 고로 군자는 필성기의
니라

부는 집을 윤택하게 하고 덕은 몸을 윤택하게 하는 것이니 마
음이 넓어짐에 몸이 편안할 것이다. 그러므로 군자는 반드시
그 뜻을 정성되게 하는 것이다.

전7장 <正心脩身>

所謂脩身在正其心者 身有所忿懥 則不得其正 有所恐懼 則不得
其正
소위수신재정기심자는 신유소분치즉부득기정하고 유소공구 즉
부득기정하고

이른바 몸을 닦음이 그 마음을 바르게 함에 있다는 것은 마음
에 노여워하는 바가 있으면 곧 그 바름을 얻지 못하고, 두려워
하는 바가 있으면 그 바름을 얻지 못하고

有所好樂 則不得其正 有所憂患 則不得其正
유소호락즉부득기정하고 유소우환 즉부득기정이니라

좋아하고 즐기는 바가 있으면 곧 그 바름을 얻지 못하고, 걱정
하는 바가 있으면 곧 그 바름을 얻지 못하는 것이다.

[여기서 말하는 네 가지 감정은 모든 사람에게 일어날 수 있는
마음의 작용이다. 그러나 이 중 하나라도 생겨나게 되면 욕구
가 일어나고 감정이 자신을 덮어 마음이 작용할 때 올바름을

잃어버려 이치를 파악할 수 없게 된다.

이런 감정은 없애야 하는 것이고 이런 감정으로 마음이 동요되어서는 안 된다.

따라서 주희는 성의에서 의는 선악이 갈라지는 곳이고, 정심에서 심은 치우치초 올바름의 차이가 일어나는 곳이라고 한다.

마음이 올바르지 않으면 사욕에 동요되어 한쪽으로 치우치게 된다. 그러나 이것이 반드시 악하게 되는 것은 아니라고 한다.]

心不在焉 視而不見 聽而不聞 食而不知其味
심불재언이면 시이불견하며 청이불문하며 식이불지기미니라

마음이 있지 않으면 보아도 보이지 않으며, 들어도 들리지 않고, 먹어도 그 맛을 알지 못하나니

[한 사람의 몸을 주재하는 것은 마음이라고 한 것이다. 따라서 마음을 보존하지 않으면 자신을 정립하지 못하게 되므로 이를 관찰하여 경한 상태에서 마음이 곧게 된 후에야 마음이 보존된다고 본다.]

此謂脩身在正其心
차위수신재정기심이니라

그래서 몸을 닦음이 그 마음을 바르게 함에 있다고 하는 것이다.

[주희는 마음이 보전하지 못함이 있으면 그 몸을 검속할 수 없다. 이 때문에 군자는 반드시 이를 살펴서 마음을 곧게 함으로써 공경한 연후에 이 마음이 항상 보존되어 몸이 닦이지 않음이 없다고 하였다.]

전8장 <脩身齊家>

所謂齊其家 在脩其身者 人之其所親愛而辟焉 之其所賤惡而辟
焉
소위제기가 재신기신자 인지기소친애이벽언 지기소천악이벽언

이른바 그 집안을 바로 잡음이 그 몸을 닦는 데 있다고 하는
것은 사람이란 그가 친하고 사랑하는 바에 편벽되며, 그가 천
하게 여기고 미워하는 바에 편벽되며

[여기서 제시하고 있는 다섯 가지 사태는 모두 인간이라면 저
지르기 쉬운 잘못이라고 할 수 있다. 즉 자신이 친근히 여겨
좋아하는 대상에 치우치는 가장 대표적인 예는 부모가 자식의
장단점을 파악하지 못하는 경우이다.
그리고 두려워하여 공경하는 대상의 대표적인 예는 군신관계이
다. 즉 신하로서 임금을 존경해야 하기는 하지만 경우에 따라
서는 과감하게 잘못된 점을 간언해야 한다.
이러한 상황에서 올바로 직언을 올려야 하는 것이 신하의 도리
이다. 그러나 지나치게 두려워하며 공경한 나머지 간언하지 못

하는 경우가 있다.

가여워 불쌍히 여기는 것에 치우친 예는 마땅히 벌을 주어야 하는 데도 가엽게 생각하여 벌을 주지 않아 결국 잘못을 고칠 수 없게 만드는 경우를 들 수 있다.

이러한 여러 잘못은 관계 속에서 나타난다. 이는 관계 속에서 마음이 공정함을 잃을 때 나타나게 되는 폐단이므로 더욱 경계해야 한다고 한다.]

之其所畏敬而辟焉 之其所哀矜而辟焉 之其所敖惰而辟焉
지기소외경이벽언하며 지기소애긍이벽언하며 지기소오타이벽언하나니

그가 애처롭고 불쌍히 여기는 바에 편벽되며, 그가 오만히 대하고 게을리하는 바에 편벽된다는 말이다.

 故好而知其惡 惡而知其美者 天下鮮矣
고로 호이지기악하며 악이지기미자 천하에선의니라

그러므로 좋아하되 그 나쁜점을 알아보며 미워하되 그 좋은 점을 알아보는 사람이란 세상에 드물다

故諺有之曰 人莫知其子之惡 莫知其苗之碩
고로 언에 유지하니 왈 이막지기자지악하며 모지기묘지석하니라

그래서 속담에 이런 말이 있다. '사람은 그 자식의 악함을 알지 못하며, 그 곡식 싹 큰 줄은 알지 못한다'라고

[이 속담에서 지적하는 부분은 자식에 대한 사랑에 빠져서 자식의 잘못을 고치지 못하게 만드는 경우와 재물을 얻는 데 눈이 멀어서 만족할 줄 모르는 폐단을 지적한 것이다.
이 역시 앞에서와 마찬가지로 한쪽에 치우쳐서 집안을 제대로 다스릴 수 없게 되는 폐단을 지적한 것이다.]

此謂身不脩 不可以齊其家
차위신불수면 불가이제기가니라

이것은 몸을 닦지 않으면 그 집안을 바로 잡을 수 없다는 것이다.

[좋아하면서도 악함을 알고, 미워하면서도 아름다움을 아는 자가 드문 이유는 사람들이 다 치우치기 때문이다. 이로 인해 좋으면 다 아름다워 보이고 싫으면 다 미워 보이는 것이다.
자식을 편해하여 자신의 아들이 악한지를 모르고 어쩌다 보니 악의 싹이 큰 줄도 모르는 것이다. 사랑에 빠진 자는 사리에 밝지 못하고 탐욕스러운 자는 만족할 줄 모른다고 주희는 말하였다.]

근대과학을 완성한 뉴턴은 운동의 법칙과 만유인력의 원리를 만들어 낸 것으로 유명하다. 뉴턴은 또한 빛의 정체성에 대해서도 관심이 많았다. 그는 직접 프리즘을 만들어 빛의 분산을 연구하기도 했고, 광학(Optics)이라는 책도 저술하였다. 뉴턴은 어떤 질량을 가지고 있는 입자는 힘을 받으면 힘의 방향으로 직진 운동하는 것에 착안하여, 빛 또한 직진하는 성질이 있기에 빛은 입자라고 주장하였다.

뉴턴과 비슷한 시기에 활동했던 네덜란드의 과학자 호이겐스는 뉴턴의 빛의 정체성에 대한 이론에 반기를 들었다. 그는 빛의 실험적 성질을 관찰한 결과, 파동으로서만 가능한 빛의 성질들을 알아냈다. 회절, 분산, 굴절 등이 그것이다. 만약 빛이 입자로만 이어져 있다면 이러한 실험 사실들은 불가능하기에 파동일 수밖에 없다고 주장하였다.

그 이후 영국의 실험물리학자였던 토머스 영은 뉴턴과 호이겐스 중 누구의 주장이 옳은지 알아내기 위하여 면밀한 실험에 착수하였다. 그는 빛의 이중 슬릿 실험을 성공시킴으로써 호이겐스의 이론이 맞음을 확실하게 증명할 수 있었다. 뉴턴의 빛의 입자론은 그의 실험으로 말미암아 종지부를 찍을 수밖에 없었고 그 이후 19세기 말까지 빛은 파동이라는 이론이 대세를 이루게 되었다.

19세기가 다가오면서 물리학의 새로운 실험적 성과들이 나타났는데, 그중에 하나가 광전효과이다. 빛을 금속에 쬐어주면 전원장치가 없이도 어떤 조건하에서 전류가 발생하는 데 이 실험의 결과를 이론으로 분석하기 위해 당시까지 대세였던 빛의 파동성을 적용시켰다. 하지만 빛의 파동성은 광전효과에 있어서 성공적이지 못했다.

이때 등장한 사람이 바로 알버트 아인슈타인이었다. 모든 과학자가 빛의 파동성이 맞는다고 생각하고 있을 때 그는 광전효과를 설명하기 위해 뉴턴의 빛의 입자 이론을 적용시켰다. 다른 사람들의 상상과는 달리 아인슈타인은 빛의 입자설로 광전효과를 완벽하게 설명할 수 있었고 이 결과를 1905년 논문으로 발표했다. 1921년 아인슈타인은 이 광전효과에 대한 업적으로 노벨 물리학상을 수상한다.

그 이후 물리학자들은 빛의 정체성에 대해 심각하게 논쟁을 벌였고, 빛은 파동성과 입자성을 동시에 가지고 있다고 결론을 내렸다. 이것이 바로 빛의 이중성이다. 빛은 어떤 경우에는 파동으로서 작용하고, 어떤 경우에는 입자로 작용하게 된다. 그 상황에 맞는 행동을 취하는 것이다.

우리 인간의 경우 어떤 사람의 성격을 내성적이냐, 외향적이냐 구분하기도 하지만, 대부분의 경우 내성적인 성격과 외향적인 성격을 가지고 있다가, 그 상황에 따라 어떤 때는 내성적인 행동으로, 어떤 때에는 외향적인 행동을 하기도 한다. 우리 내면의 세계에도 그러한 이중성이 존재하는 것이다.

우리 각자의 내면뿐만 아니라 다른 사람을 대하는 데 있어서도 이러한 이중성이 보다 현명할지도 모른다. 대부분의 경우

우리가 어떤 사람을 좋아하게 되면, 그의 모든 것을 다 받아들이고 마음에 들어 한다. 하지만, 어떤 사람을 싫어하거나 미워하게 되면, 그가 가지고 있는 장점에도 불구하고 그의 단점만 말하고 그가 하는 모든 것들을 싫어하게 된다.

오래도록 함께했던 친구나 연인이라도 그 사람이 어느 순간 마음에 들지 않게 되면 더 이상 그와 가까이하지 않는 것과 마찬가지이다. 처음에는 그가 단점이나 부족함이 있음에도 불구하고 그의 모든 것을 다 좋아하다가, 시간이 지나 그가 어느 순간 마음에 들지 않으면 그의 장점에도 불구하고 그의 모든 것을 배척하는 것과 마찬가지이다.

하지만 인간관계에서도 이중성을 생각해보면 어떨까 싶다. 그가 좋은 사람이라는 생각이 들고, 내가 좋아하고 있더라고, 어느 정도 거리를 두고 객관적으로 그를 생각해보는 것이다. 마찬가지로 내가 싫어하고 마음에 들지 않는 사람이라고 하더라도 그는 어느 정도 장점과 배울 점이 있다고 생각하고 그를 아무 생각 없이 내가 싫어한다는 이유를 배척하지 않는 것이다.

대학에도 보면 비슷한 말이 있다.

故好而知其惡(고호이지기오)
惡而知其美者(오이지기미자)
天下鮮矣(천하선의)

그러므로 그를 좋아하면서도 그의 나쁨을 알며,

그를 미워하면서도 그의 좋은 점을 아는 자는 천하에 드물다.

　내가 좋아하는 사람이라고 하더라도 그는 완벽하지 않으며, 내가 미워하는 사람이라고 하더라도 그는 좋은 점이 있다는 말이다. 이러한 것을 알고 살아가는 사람은 그리 많지 않기에, 이러한 사실을 진정으로 알고 이해하는 사람이 현명한 사람이라는 뜻이다. 대학이란 커다란 배움이기에 이러한 것들을 배워 나가는 것이 진정한 앎의 세계라 할 것이다.

　사실 내가 싫어하고 미워하는 사람이 있다면 그가 가지고 있는 많은 장점에도 불구하고 그를 나의 내면에서 밀어내고 배척하는 것이 일반적이다. 나의 마음이 객관적이고 진실한 사실에 미치지 못하기 때문이다. 또한 내가 좋아하는 사람의 경우에는 그의 단점에도 불구하고 그의 모든 것을 긍정적으로 생각하게 된다. 객관적인 사실을 놓치게 될 수밖에 없다.

　빛의 이중성처럼 우리의 마음에도 이러한 인간관계의 이중성이 필요하지 않을까 싶다. 내가 아무리 좋아하는 사람이라고 하더라도 그를 어느 정도 거리를 두고 바라볼 수 있어야 하고, 내가 아무리 미워하고 증오하는 사람이라고 하더라도 그의 장점이나 좋은 점을 있는 그대로 볼 수 있고 받아들일 수 있어야 하지 않을까 싶다. 이러한 것들이 진정으로 인간관계에 있어서 중요하다는 생각이 든다. 나의 편견과 선입견으로 장점이 많은 사람을 잃을 수도 있고, 단점이 있는 사람의 객관적인 현실을 놓칠 수도 있기 때문이다.

　빛의 이중성 이론은 빛의 현상에 있어 모든 것이 설명될 수 있었다. 마찬가지로 인간관계의 이중성으로 우리는 더 많은 사람을 사랑하고 오래도록 함께 할 수 있지 않을까 싶다.

所謂治國 必先齊其家者 其家不可敎 而能敎人者 無之
소위치국이 필선제기가기자는 기가를 불가교오 이능교인자무지하
니

이른바 나라를 다스림에 반드시 먼저 그 집안을 가지런히 하여
야 한다는 것은 그 집안을 가르치지 못하면서 남을 가르칠 수
있는 사람은 없기 때문이다.

[여기서는 자식이 부모에게 행하는 효와 연장자를 섬기는 공손
함, 그리고 부모가 자식에게 베푸는 인자함 이 세 덕목이 자신
을 닦아서 집안을 교화하는 방법이라고 하였다.
위에서 집안이 가지런해지면 아래에서 그것을 보고 저절로 교
화가 이루어진다는 의미이다.]

故君子不出家而成敎於國
고로 군자는 불출가이성교어국하나니

그러므로 군자는 집을 나서지 않아도 나라에 가르침을 이루는

것이니

孝者所以事君也 弟者所以事長也 慈者所以使衆也
효자는 소이사군야오 제자는 소이사장야오 자자는 소이사중야
니라

효라는 것은 임금을 섬기는 방법이 되고 제라는 것은 어른을
섬기는 방법 이 되고 자라는 것은 백성을 부리는 방법이 되는
것이다.

康誥曰 如保赤子 心誠求之 雖不中 不遠矣 未有學養子而后嫁者
也
강고에 왈 여보적자라하니 심성구지면 수불중이나 불원의니 미
유학양자이후에 가자야니라

강고에 이르기를 '갓난아기를 보호하듯 하라' 하였으니 마음으
로 정성껏 구하면 비록 적중되지는 못하나 멀지는 않을 것이
다. 어린애 기르는 것을 배운 뒤에 시집가는 사람은 없는 것이
다.

[교화를 베푸는 근본을 말한 것으로 억지로 시키는 것이 아니
라 그 실마리를 알게 되면 그것을 확장해나갈 뿐이라는 것이
다.]

一家仁 一國興仁 一家讓 一國興讓
일가인이면 일국이 흥인하고 일가양이면 일국이 흥양하고

한 집안이 어질면 한 나라에 어짐이 일어나고, 한 집안이 사양
하면 한 나라에 사양함이 일어나며,

[교화가 나라에 베풀어진 효과를 말하고 있다. 특히 인자함과
서로 양보하는 풍속이 형성되는 근본은 집안의 교화가 이루어
졌는지에서 찾고, 탐욕함으로 나라가 어수선해지는 근원은 한
사람에게서 찾고 있다.
이는 좋은 풍속을 형성하기는 그만큼 어렵지만 잘못되기는 순
식간이라는 것을 나타내고 있다.]

一人貪戾 一國作亂 其機如此 此謂一言僨事 一人定國
일인이 탐려하면 일국이 작란하나니 기기여차하니 차위 일언이
분사며 일인이 정국이니라

한 사람이 자기 이익만을 탐하면 한 나라가 어지러움을 일으키
나니, 그 빌미가 이와 같은 것이다. 그래서 '한 마디 말이 일을
뒤엎고 한 사람이 나라를 안정시킨다'고 말하는 것이다.

堯舜 帥天下以仁 而民從之 桀紂 帥天下以暴 而民從之
요순이 솔천하이인하신대 이민종지하고 걸주 솔천하이폭한대

이민종지하니

요임금과 순임금이 천하를 다스리매 인으로써 하셨는데 백성들이 그를 따랐고 걸왕과 주왕은 천하를 다스리매 폭으로써 하였는데 백성들은 그를 따랐다

其所令 反其所好 而民不從 是故君子有諸己 而后求諸人
기소령이 반기소호면 이민이 불종하나니 시고로 군자유제기이후구제인하며

그 명령하는 바가 그가 좋아하는 바에 반대된다면 백성들은 따르지 않게 된다. 그러므로 군자는 자기에게 그것이 있은 뒤에야 남에게 그것을 구하게 된다.

無諸己而后非諸人 所藏乎身不恕 而能喩諸人者 未之有也
무제기이후에 비제인하나니 소장호신이 불서요 이능유제인자미지유야니라

자기에게 그것이 없은 뒤에야 그것을 비난한다. 몸에 간직하고 있는 바가 서가 아니면서도 그것을 남에게 깨우칠 수 있는 사람은 있지 아니한 것이다.

[요임금과 순임금은 하나라 때의 성군으로 다섯 제왕에 속한다. 통치 당시 태평성대를 이룬 임금들이다. 그 한 예로 요임

금은 백성들이 간하고 싶은 말이 있으면 이를 할 수 있도록 조성에 북을 걸어두었다.
순임금 또한 나무를 세워 경계하는 말을 쓰게 하였다. 이 두 임금은 왕위를 선양한 것으로도 유명하다.]

故治國在齊其家
고로 치국이 재제기가니라

그러므로 나라를 다스림은 그 집안을 가지런히 함에 있다는 것이다.

詩云 桃之夭夭 其葉蓁蓁 之子于歸 宜其家人 宜其家人而后 可以敎國人

시운 도지요요 기엽진진이로다 지자우귀여 의기가인이라하니 의기가인이후에 가이교국인이니라

시경에 이르기를 '복숭아 나무의 싱싱함이여, 그 잎새 무성하네. 아가씨 시집을 가니, 그 집안사람 화목케 하리'라 했다. 그 집안 사람들을 화목하게 한 뒤에야 나라 사람들을 가르칠 수 있을 것이다

詩云 宜兄宜弟 宜兄宜弟而后 可以敎國人
시운 의형의제라하니 의형의제이후 가이교국인이니라

시경에 또 말하기를 '형과 아우를 화목하게 한다' 하였으니, 형과 아우가 화목한 뒤에야 나라 사람들을 가르칠 수 있는 것이다.

詩云 其儀不忒 正是四國 其爲父子兄弟足法而后 民法之也
시운 기의불특이라 정시사국이라하니 기위부자형제족법이후에 민이 법지야 니라

시경에 말하기를 '그 위의 어긋남이 없으니 이 사방의 나라를 바로잡네' 했으니, 그 부자와 형제가 되어 족히 본받을 만한 뒤에야 백성들이 그를 본받는 것이다.

[시경 "조풍 시구"의 시이다. 이 시는 마음이 한결같지 않음을 풍자한 것으로 지위 있는 자들이 군자가 없어 마음씀이 한결같지 않음을 경계한 것이다.]

此謂之治國在齊其家
차위지 치국재제기가니라

이래서 나라를 다스림이 그 집을 가지런히 함에 있다고 하는 것이다.

[군자의 상은 모든 것을 자기에게서 구하고 살필 것이며, 남에

게 말미암은 것은 없다. 덕행이 올바르고 무성하면 착실히 제
임무를 다하게 되고, 주변에도 감화되어 사회로 퍼져나가고,
결국 나라에까지 퍼져나갈 것이다.]

전10장 <治國平天下>

所謂平天下在治其國者 上老老而民興孝 上長長而民興弟
소위 평천하재치기국자는 상이 노로이민흥효하며 상이 장장이
민이흥제하며

이른바 천하를 화평하게 함이 그 나라를 다스림에 있다는 것은
위에서 노인을 노인으로 대접하면 백성들에 효도가 일어나며
위에서 어른을 어른으로 대접하면 백성들에게 제가 일어나며,

上恤孤而民不倍 是以君子有絜矩之道也
상이휼고이민불배하니 시이로 군자는 유혈구지도니라

위에서 외로운 이들을 불쌍히 여기면 백성들은 배반하지 않게
된다는 것이다. 이러한 것을 '혈구지도'라 하는 것이다.

[주희는 모든 사람의 마음은 같을 수밖에 없으므로 자신의 마
음을 확충하여 다른 사람의 마음을 헤아려볼 수 있다고 한다.
그러므로 군자는 반드시 동일한 마음을 미루어 다른 사람을 헤
아려보아 서로 자신의 신분에 맞는 것을 얻게 되면 윗사람이나

아랫사람이나 모두 올바로 되어 천하가 태평해진다고 본다.]

所惡於上 毋以使下 所惡於下 毋以事上 所惡於前 毋以先後
소악어상으로 무이사하하며 소악어하로 무이사상하며 소악어전
으로 무이선 후하며

위에서 싫어하는 바로써 아랫사람을 부리지 말 것이며, 아래서
싫어하는 바로써 위를 섬기지 말 것이며, 앞에서 싫어하는 바
로써 뒤에 먼저 하지 말 것이며,

所惡於後 毋以從前 所惡於右 毋以交於左
소악어후로 무이종전하며 소악어우로 무이교어좌하며

뒤에서 싫어하는 바로써 앞에 따라가지 말 것이며, 오른편에서
싫어하는 바로써 왼편에 건내지 말 것이며,

所惡於左 毋以交於右 此之謂絜矩之道也
소악어좌로 무이교어우 차지위혈구지도야니라

왼편에서 싫어하는 바로써 오른편에 건내지 말 것이며, 이러한
것을 '혈구지도'라 하는 것이다.

詩云 樂只君子 民之父母 民之所好好之 民之所惡惡之 此之謂
民之父母

시운락지군자여 민지부모라하니 민지소호를 호지하며 민지소악을 악지하니 차지위 민지부모니라

시경에 이르기를 '즐거워라 군자님이여 백성들의 부모시라'하였으니 백성들의 좋아하는 바를 좋아하며, 백성들의 싫어하는 바를 싫어하는 것이다. 이래서 백성들의 부모라 말한 것이다.

[자신의 마음을 미루어서 헤아려보아 백성을 마음을 자신의 마음과 같이 여긴다면 자식같이 백성을 사랑하게 되고 백성 역시 부모와 같이 임금을 사랑하게 된다는 의미이다.
백성을 사랑하는 방법은 좋아하고 싫어하는 마음을 헤아려보아서 그에 따르는 데 지나지 않는다.
백성이 좋아하는 것은 배부르고 따뜻하며 안락하게 살아가는 것이고, 싫어하는 것은 배고프고 춥고 고달픈 것이다.
정치란 자신이 진정으로 원하고 싫어하는 것에 비추어보다 백성들의 바람을 생각해서 펴는 것이라고 한다.]

詩云 節彼南山 維石巖巖 赫赫師尹 民具爾瞻
시운 절피남산이여 유석암암이로다 혁혁사윤이여 민구이첨이라 하니

시경에 이르기를 '우뚝한 저 남산이여, 오직 바위만 울퉁불퉁하네, 혁혁하신 사윤이여, 백성 모두 당신을 우러르네, 라 하였으니

[나라를 다스리는 사람은 일거수일투족을 신중히 고려하고 행동해야 한다고 말한다. 위에 있는 사람은 사람들이 모두 우러러보고 있으므로 신중히 행동해야 한다는 의미이다.
자신의 마음을 헤아려 미루어보지 않고 좋아하고 싫어함이 자신의 사적인 욕구에만 따른다면 자신은 물론이고 국가까지 망하게 됨을 경계하고 있다.]

有國者 不可以不愼 辟則爲天下僇矣
유국자 불가이불신이니 벽즉위천하륙의니라

나라를 맡은 사람은 삼가지 않을 수 없는 것이다. 편벽되면 곧 천하의 주륙하는 바가 될 것이다.

詩云 殷之未喪師 克配上帝 儀監于殷 峻命不易 道得衆則得國 失衆則失國
시운은지미상사엔 극배상제러니 극배상제 의랑우은이어다 준명불역라하니 도득중즉득국하고 실중즉실국이니라

시경에 이르기를 '은나라가 백성을 잃지 않았을 적엔 상제에게 짝될 수 있었으니, 마땅히 은나라를 거울삼을 지어다. 큰 명은 쉽지 않다' 하였으니, 민중을 얻으면 곧 나라를 얻게 되고, 민중을 잃으면 곧 나라를 잃게 됨을 말한 것이다.

[이 시는 항상 스스로 성찰하여 천리에 합하게 한다면 성대한 복이 나에게서 이루어져 밖에서 구하지 않아도 얻어질 것이라는 뜻으로 쓰였다.]

是故 君子先愼乎德 有德此有人 有人此有土 有土此有財 有財此有用
시고로 군자는 선신호덕이니 유덕차유인이오 유인차유토오 유토차유재오 유재차유용이니라

이러므로 군자는 먼저 덕을 쌓아야 한다. 덕이 있으면 이에 사람이 있게 되고 사람이 있으면 이에 땅이 있게 되고, 땅이 있으면 이에 재물이 있게 되고, 재물이 있으면 이에 쓰임이 있게 된다.

德者本也 財者末也
덕자는 본야오 재자는 말야니

덕이라는 것은 근본이요 재물이란 것은 말단이다.

外本內末 爭民施奪
외본내말이면 쟁민시탈이니라

근본을 밖으로 하고 말단을 안으로 하면 백성들은 다투어 약탈을 하게 된다.

[재물이란 사람들이 모두 갖고 싶어하는 깃이다. 그런데 사려 깊게 생각하지 못하고 자기 혼자만 갖고자 한다면 백성 또한 일어나서 다투게 된다.

백성은 본디 다투려 하지 않지만 오직 윗사람이 덕을 도외시하고 독점하게 되면 백성은 그것을 본받아서 서로 뺏고 빼앗기게 된다고 한다. 뺏고 빼앗기는 다툼을 윗사람이 그렇게 가르친 결과로 본 것이다.]

是故 財聚則民散 財散則民聚
시고로 재취즉민산하고 재산즉민취니라

이러한 고로 재물이 모이면 곧 백성들이 흩어지고 재물이 흩어지면 곧 백성들이 모이는 것이다.

是故 言悖而出者 亦悖而入 貨悖而入者 亦悖而出
시고로 언패이출자는 역패이입하고 화패이입자는 역패이출이니라

이러한 고로 말이 거슬리어 나간 것은 또한 거슬리어 들어오고, 재물이 거슬리어 들어온 것은 역시 거슬리어 나가는 것이다.

康誥曰 惟命不于常 道善則得之 不善則失之矣

강고에 왈 유명은 불우상이라하니 도선즉득치하고 불선즉실지 의니라

강고에 말하기를 '오직 명은 불변하는 것이 아니다' 하였으니, 선하면 그것을 얻고 선하지 못하면 그것을 잃음을 말한 것이다.

[여기서 말하는 선이라 자신의 마으을 미루어 헤아려보는 혈구의 도를 실현하는 것이다. 혈구의 도를 실현할 수 있으면 사람들의 마음을 얻게 되어 천명을 얻게 되고, 혈구의 도를 실현할 수 없으면 사람들의 마음을 잃게 되어 천명을 잃게 된다.]

楚書曰 楚國無以爲寶 惟善以爲寶
초서에 왈 초국은 무이위보라하니라

초서에 말하기를 '초나라는 보배로 삼을 것이 없고 오직 선으로써 보배를 삼는다' 하였다

[선한 사람을 보배로 여긴다는 말이다. 초나라 대부인 왕손어가 진나라를 방문했을 때 진나라 정공이 그에게 연회를 베풀어주자 조간자가 명옥을 올리면서 예를 갖춘 후 왕손어에게 초나라에도 이러한 옥이 있느냐고 질문한 데 대해여 왕손어는 초나라의 보물은 물건이 아니고 말주변이 뛰어나 외교술을 잘 발휘하는 관역보와 선대의 전장제도를 잘 알아서 선왕의 업적을 잊

지 않도록 하는 좌사 의상이라고 답하였다.]

舅犯曰 亡人無以爲寶 仁親以爲寶
구범이 왈 망인은 무이위보오 인친을 이위보라하니라

구범은 '망명하는 사람에게는 보배로 삼을 만한 것이 없고 어
짐과 친밀함을 보배로 삼는다' 하였다

秦誓曰 若有一介臣 斷斷兮 無他技 其心休休焉 其如有容焉
진서에 왈 약유일개신이 단단혜 무타기나 기심이 휴휴언한대
기여유용언이라

진서에 말하기를 '만약 한 꿋꿋한 신하가 있어 정말로 다른 재
주는 없으나 그 마음이 착하기만 하면 그와 같은 이는 받아들
임이 있는 것이오,

人之有技 若己有之 人之彦聖 其心好之 不啻若自其口出 寔能
容之
인지유기를 약기유지하며 인지언성을 불시약자기구출이면 식능
용지라

남이 가진 재주를 자기가 그것을 가진 듯이 하며 남의 뛰어나
고 어짐을 그 마음으로부터 그것을 좋아하여 그의 입으로 나오
는 것 같음에 그치지 아니한다면 이는 받아들일 수 있는 것이

니

以能保我子孫黎民 尚亦有利哉
이능보아지손여민이니 상역유리재인저

이로써 우리 자손과 백성들을 보전할 수 있으면 또한 이로움이
있게 할 것이오,

人之有技 媢疾以惡之 人之彦聖 而違之 非不通
인지유기를 모질이악지며 인지언성을 이위지하여 비불통이면

남의 재주 있는 것을 시새워서 그를 미워하며 남의 뛰어나고
어짐을 거슬리어 통하지 못하게 한다면

寔不能容 以不能保我子孫黎民 亦曰殆哉
식불능용이라 이불능보아자손여민이 역왈 태재인저

이는 받아들이지 못하는 것이니 그로써 우리 자손과 백성들을
보전할 수 없을 것이며 또한 위태롭다 할 것이오'라 했다.

[이 글은 진나라 목공이 자신의 과오를 뉘우치면서 자신과 같
은 잘못을 저지르지 않도록 여러 신하에게 고한 것을 기록한
것이다.
기자가 자신이 정나라의 북문을 지키고 있으니 몰래 군대를 몰

고 와서 정나라를 치라고 권유하자 목공은 현신인 건숙에게 자문을 구한다. 건숙은 반대를 하지만 목공은 일을 강행한다. 그리하여 그는 진나라 양공에게 효 땅에서 패배를 당하고 세 장수는 인질로 잡힌다. 후에 목공이 건숙의 말을 듣지 않은 것을 후회하면서 이 글을 지었다.]

唯仁人 放流之 迸諸四夷 不與同中國 此謂唯仁人爲能愛人能惡人
유인인이 야방류지하여 병제사이하여 불여동중국하니니 차위유인인이 야위능애인하며 능악인이니라

오직 어진 사람만이 이들을 몰아내어 사방 오랑캐의 곳으로 쫓아서 함께 중국에서 살아가지 못하게 한다. 이래서 '오직 어진 사람만이 사람을 사랑할 수 있고 사람을 미워할 수 있다.'고 말한 것이다.

見賢而不能擧 擧而不能先 命也 見不善而不能退 退而不能遠 過也
견현이불능거하며 거이능불선이 명야요 견불선이불능퇴하며 퇴이불능원이 과야니라

어진이를 보고도 등용하지 못하고, 등용하되 먼저 하지 못하는 것은 태만함이고, 착하지 못한 이를 보고도 물리치지 못하고, 물리치되 멀리하지 못함은 허물인 것이다.

[무엇을 싫어해야 하는지의 도를 알고 있으나 아직 이를 모두 다 드러낼 수 없으므로 군자의 자질은 있으나 아직 인자한 사람은 아니라고 주희는 말한다.]

好人之所惡 惡人之所好 是謂拂人之性 菑必逮夫身
호인지소악하며 악인지소호 시위불인지성이라 재필태부신이니라

남이 싫어하는 것을 좋아하며 남이 좋아하는 바를 싫어하는 것, 이것을 사람의 본성을 어기는 것이라 하는 것이니, 재앙이 반드시 자신에게 미치고야 말 것이다.

是故君子有大道 必忠信以得之 驕泰以失之
시고로 군자유대도하니 필충신이득지하고 교태이실지하고

이런고로 군자에게는 큰 도가 있으니 반드시 충성과 믿음으로써 그것을 얻고, 교만함과 건방짐으로써 그것을 잃게 될 것이다.

生財有大道 生之者衆 食之者寡 爲之者疾 用之者舒 則財恒足矣
생재유대도하니 생지자중하고 식지자과하며 위지자질하고 요지자서하면 즉재항족의리라

재물을 불림에 대도가 있으니, 생산하는 자 많고 그것을 먹는 자 적으며, 만드는 사람은 민활이 하고, 쓰는 자 더디면 고 재물은 항상 풍족하다는 것이다.

仁者以財發身 不仁者以身發財
인자는 이재발신하고 불인자는 이신발재니라

어진 사람은 재물로써 몸을 일으키고, 어질지 못한 자는 몸으로써 재물을 일으킨다.

未有上好仁 而下不好義者也 未有好義 其事不終者也
미유상호인 이하불호의자야니 미유호의오 기사불종자야니

위에서 어짐을 좋아하는데도 아래서 의로움을 좋아하지 않는 일은 있지 아니하니, 의로움을 좋아하는 데도 그 일이 끝마쳐지지 않는 일은 있지 아니하며

[윗사람이 백성의 재물을 함부로 취하지 않고 인자함을 좋아하면 아랫사람은 모두 의로움을 좋아하게 된다. 이렇게 되면 일이 잘 완수된다.
천하의 사람이 모두 윗사람의 일을 완수할 수 있으면 창고에 있는 재물이 헛되이 나가지 않게 된다.]

未有府庫財 非其財者也
미유부고재 비기재자야니라

부고의 재물이 그의 재물로 안 되는 일도 있지 아니한 것이다.

孟獻子曰 畜馬乘 不察於鷄豚 伐氷之家 不畜牛羊 百乘之家 不
畜聚斂之臣
맹헌자왈 축마승은 불찰어계돈하고 벌빙지가는 불축우양하고
백승지가는 불축취렴지신하니니

맹헌자가 말하기를 '마승을 기르게 된 이는 닭, 돼지 따위를
살피지 아니하고, 얼음을 베어가는 집안은 소, 양을 기르지 아
니하고, 백승의 집에서는 취렴하는 신하를 기르지 아니한다.

與其有聚斂之臣 寧有盜臣 此謂國不以利爲利 以義爲利也
여기유취렴지신으로 영유도신이라하니 차위국은 불이리위리오
이의위리야니라

취렴하는 신하를 가질진대 차라리 도둑질하는 신하를 가질 것
이다' 이래서 나라는 이로써 이로움을 삼지 아니하고 의로써
이로움을 삼는다고 말하는 것이다.

長國家而務財用者 必自小人矣
장국가이무재용자는 필자소인의니

국가의 우두머리가 되어 재물을 씀에 힘쓰는 자는 반드시 소인들로 말미암을 것이다.

彼爲善之 小人之使爲國家 載害竝至
피위선지 소인지사위국가면 재해병지라

그가 하는 짓은 그것을 잘하는 것이라 하여 소인들로 하여금 국가 일을 하게 하면 재해가 아울러 이를 것이다.

雖有善者 亦無如之何矣 此謂國不以利爲利 以義爲利也
수유선자나 역무여지하의니 차위 국은 불이리위리오 이의위리야니라

비록 잘한 것이 있다 하더라도 또한 그것을 어찌할 수가 없는 것이다. 나라는 이로써 이로움을 삼지 아니하고 의로써 이로움을 삼는다고 하는 것이다.

[윗사람이 백성이 좋아하는 바를 좋아하고, 백성이 싫어하는 바를 싫어해야 하는데, 이와 반대가 되면 민란이 일어난다. 즉 민심이 천심인 것이다.

군자는 원만하지만 편을 가르지 않고, 소인은 편을 가르지만 원만하지 않다.

백성이 믿어주지 않으면 나라는 존립할 수가 없다. 병기를 먼저 없애고, 식량을 없애도 괜찮으나 백성의 믿음은 절대로 버려서는 안 된다.

윗사람이 인을 좋아함으로써 그 아랫사람을 사랑하면, 아랫사람이 인을 좋아하여 그 윗사람을 충심으로 대하니, 일이 반드시 끝이 있는 까닭이고, 부고의 재물이 어그러져서 나가는 근심이 없다고 주희는 말한다.]

<손자병법>

1. 第一篇 計

孫子曰 兵者 國之大事 死生之地 存亡之道 不可不察也
손자왈 병자 국지대사 사생지지 존망지도 불가불찰야

"손자가 말하기를 전쟁은 나라의 큰일이요, 생사의 갈림길이요,
존속과 멸망의 길이니 살피지 않을 수 없다."

[싸움에서의 패배는 그 무엇과도 비교할 수 없을 정도로 혹독
하고 비참한 결과를 가져온다. 당연히 싸움은 반드시 주의 깊
은 관찰과 신중한 판단이 선행된 후에 이길 수 있다는 계산이
나온 후에야만 시작해야 할 것이다.]

兵者 詭道也,
병자 궤도야

"싸움은 속임수이다."

[손무는 정정당당한 승부를 주장하지 않는다. 비열한 것도 승
부에 있어 중요하다는 것을 스스로도 인정하고 있고, 이를 손
자병법에서 당당히 주장하였다. 영광스러운 패배보다는 더럽혀

진 승리를 선택하라는 손무는 역시 싸움에 관한 한, 어설픈 아
마츄어가 아닌 진정한 프로이다.]

故能而示之不能,
고능이시지불능

"그러므로 능하면서도 능하지 않은 것처럼 보여준다."

用而示之不用,
용이시지불용

"쓰면서도 쓰지 않는 것처럼 보여준다."

近而示之遠 遠而示之近,
근이시지원 원이시지근

"가까이 있으면서도 멀게 보이게 하고, 멀리 있으면서도 가깝
게 보이게한다."

利而誘之,
이이유지

"이롭게 하여 유인한다."

亂而取之,

난이취지

"어지럽게 하여 취한다."

實而備之,
실이비지

"실하면 대비한다."

强而避之,
강이피지

"강하면 피한다."

怒而撓之,
노이요지

"성내게 하여 동요시킨다."

卑而驕之,
비이교지

"비굴하게 굴어서 교만하게 한다."

佚而勞之,
일이로지

"상대가 편안하면 수고롭게 한다."

親而離之,
친이리지

"적들이 친밀하면 이간질한다."

攻其無備 出其不意,
공기무비 출기불의

"대비하지 않는 곳을 공격하고, 뜻하지 않는 곳을 친다."

[實로서 虛를 친다는 손무의 중심사상이다. 총체적 시각으로 비교 분석해 보아 나의 충실한 부분과 상대적으로 적이 허약한 부분을 재빨리 포착하여 그곳을 신속하고 효과적으로 공격하는 것이 싸움의 핵심이라고 본다.]

第二篇 作戰.

其用戰野 勝久則屯兵挫銳,
기용전야 승구즉둔병좌예,

"싸움에 있어서 오래 걸리면 둔해져 날카로움이 꺾인다."

[시간이 흐름에 따라 처음에 가졌던 날카로운 기세가 무디어지
는 것은 당연한 일이며 따라서 되도록 일찍 승부를 내는 것이
유익하다는 의미이다.]

夫鈍兵挫銳 屈力彈貨 則諸侯乘其弊而起 有智者 不能善其後矣
부둔병좌예 굴력탄화 즉제후승기페이기 유지자 불능선기후의

"무디게 되고 날카로움이 꺾이며 힘이 굴하고 재정이 고갈되면
다른 제후들이 그 틈을 타서 일어날 것이니 그러면 지혜로운
자라 할지라도 뒤를 감당할 수 없다."

[장기전으로 인해 쌍방이 다 기진맥진해지면 반드시 그것을 기
회로 어부지리를 얻으려는 자가 나올 것이며, 따라서 싸움을
오래 끄는 것은 위험하다는 의미이다. 이것이 손무의 생존시대

였던 춘추전국시대의 냉정한 현실이었고, 이것은 2천4백년이 지난 지금도 그다지 변한 것이 없는 것 같다.]

故兵聞拙速 未睹巧之久也,
고병문졸속 미도교지구야

"그러므로 싸움은 졸속해야 한다고 들었으나 교묘하게 오래 끌라고 듣지 못하였다."

[특히 싸움은 그 특성상 불확정 요소를 배제하지 못하기 때문에 다소 미진한 점이 있더라도 빨리 끝내는 것이 유리하며 지나치게 완벽을 지향해서 승기를 놓쳐서는 안된다.]

故智將務食於敵 食敵一鍾 當吾二十鍾   稈一石 當吾二十石
고지장무식어적 식적일종 당오이십종 기간일석 당오이십석

"그러므로 지혜로운 장수는 적의 것을 먹도록 힘쓴다. 적의 한 종(鍾, 수량의 단위)은 본국의 이십 종의 가치가 있으며, 적의 말먹이 한 석은 본국의 이십 석과 맞먹는다."

故殺敵者 怒也 取敵之利者 貨也
고살적자 노야 취적지리자 화야

"그러므로 적을 죽이려는 자는 병사들에게 분노를 일으키게 하

며, 적의 이익을 얻고자하는 자는 병사들에게 재물을 주어야
하다."

故兵貴勝 不貴久,
고병귀승 불귀구

"싸움에서는 승리가 귀중한 것이지, 버티는 것이 귀중한 것이
아니다."

第三篇 謀攻.

故上兵 伐謀 其次 伐交 其次 伐兵
고상병 벌모 기차 벌교 기차 벌병

"최고의 전술은 적의 계략을 깨뜨리는 것이고, 다음은 적을 외
교적으로 고립시키는 것이고, 그 다음은 적을 군사적으로 공격
하는 것이다."

其下攻城 攻城之法 爲不得已
기하공성 공성지법 위부득이

修櫓粉瘟 具器械 三月而後成 距 又三月而後已
수로분온 구기계 삼월이후성 거인우삼월이후이
將不勝其忿 而蟻附之 殺士卒三分之一 而城不拔者 此攻之災也
장불승기분 이의부지 살사졸삼분지일 이성불발자 차공지재야

"제일 하책은 성곽을 공격하는 것으로, 성곽을 공격하는 것은
부득이한 경우일 뿐이다. 망루와 수레를 보수하고 공성기를 준
비하는 것은 세 달 후에나 이루어지고 도로 또한 세 달 후에나

끝이 난다. 장수가 분함을 이기지 못하여 개미처럼 붙어 병사의 삼분의 일을 죽이고도 성을 함락하지 못하면 재앙이다."

[성곽이란 원래 수비하는 자에겐 유리하고 공격하는 자에겐 불리하므로 적의 實을 치는 것이니 도저히 다른 방법이 없을 때에만 시작해야 한다.]

故用兵之法
고용병지법

"그러므로 전쟁의 방법이란"

十則圍之
십즉위지

"열이면 포위하고"

五則攻之
오즉공지

"다섯이면 정면공격하고"

倍則分之
배즉분지

"둘이면 각개격파하고"

敵則能戰之
적즉능전지

"대등하면 죽기를 각오하고 싸우며"

少則能逃之 不若則能避之
소즉능도지 불약즉능피지

"적보다 적으면 싸우지 않으며, 그렇게도 못하면 회피한다."

[적보다 열세인 경우에 장렬히 산화하는 것보다는 자존심 같은
사치한 감정은 열외로 치고 계속 기피하면서 전력을 보존하여
전세가 역전되기를 기다리는 것이 바람직하다.]

知可以與戰 不可以與戰者勝
지가이여전 불가이여전자승

"싸울 수 있을 경우와 싸울 수 없는 경우를 아는 자는 승리하
고"

識衆寡之用者勝
식중과지용자승

"많은 병력일 경우의 전술과 적은 병력일 경우의 전술을 두루 아는 자는 승리하고"

上下同欲者勝
상하동욕자승

"상하가 같은 마음을 가지고 있으면 승리하고"

以虞待不虞者勝
이우대불우자승

"조심하여 경계하면서 적이 경계하지 않기를 기다리는 자는 승리하고"

將能而君不御者勝
장능이군불어자승

"장수가 유능하고 군주가 간섭하지 않으면 승리한다."

此五者 知勝之道也
차오자 지승지도야

"이 다섯가지는 승리하는 길을 아는 것이다."

故曰 知彼知己 白戰不殆
고왈 지피지기 백전불태

"그러므로 적을 알고 나를 알면 백 번 싸워 위태롭지 않다."

不知彼而知己 一勝一負
부지피이지기 일승일부

"적을 모르고 나를 알면 한 번은 이기고 한 번은 진다."

不知彼不之己 每戰必殆
부지피부지기 매전필태

"적을 모르고 나도 모르면 싸울 때마다 위태롭다."

[흔히들 지피지기 백전백승이라고 알고 있는데, 이는 지피지기
백전불태의 지나친 적극해석이며, 손자병법 원문에는 그러한
구절이 전혀 없다.]

第四篇 軍形.

孫子曰 昔之善戰者 先爲不可勝 以待敵之可勝 不可勝在己 可勝在敵

손자왈 석지선전자 선위불가승 이대적지가승 불가승재기 가승재적

"손자가 이르기를, 옛부터 전쟁을 잘하는 자는 먼저 적이 나를 이길 수 없도록 만들고 내가 적을 이길 수 있기를 기다린다. 이길 수 없게 하는 것은 나에게 있고, 이길 수 있게 하는 것은 적에게 있다."

[당연한 말이겠지만, 승리란 손쉽게 주어지는 것이 아니다. 적이 나를 이기지 못하게 할 수는 있어도, 내가 적을 이기게 하는 소지는 나에게 있다기 보다는 적에게 있다는 의미이다. 그래서 손무는 '끈기'라는 개념을 대단히 중요시하고 있다.]

不可勝者 守也 可勝者 攻也 守則不足 攻則有餘

불가승자 수야 가승자 공야 수즉부족 공즉유여

"이길 수 없는 자는 지키고 이길 수 있는 자는 공격한다. 지키

는 것은 부족하기 때문이고 공격하는 것은 남음이 있기 때문이다."

[적을 공격할 때는 객관적으로 보아 상대방보다 '잉여요소'를 가지고 있다는 판단이 섰을 때만 시도하여야 합니다. 아무 상황판단 없이, 요행수를 바라고 무턱대고 공격하는 것은 금기 중의 금기이다.]

見勝不過衆人之所知 非善之善者也
견승불과중인지소지 비선지선자야
戰勝而天下曰善 非善之善者也
전승이천하왈선 비선지선자야
古之所謂善戰者 勝於易勝者也
고지소위선전자 승어이승자야
故善戰者之勝也 無智名 無勇功
고선전자지승야 무지명 무용공

"대중이 보기에 승리라고 보이는 것은 최선이 아니다. 이겨서 천하가 잘했다고 말하는 것은 최선이 아니다. 옛부터 잘 싸우는 자는 이기기 쉬운데서 이기는 자이다. 따라서 잘 싸우는 자의 승리에는 이름도 공적도 없다."

[소수로서 다수를 물리치는 승리는 문자그대로 '드라마'에서나 어울리며, 냉철한 현실에 있어서 그러한 위험한 줄타기는 결코 달가운 일이 아니다. 현실에서의 가장 이상적인 승리는 '일방적인 승리'이며, 이기는 것이 확실한 싸움에서 당연히 이기는

것이 가장 바람직한 형태이다.]

故善戰者 立於不敗之地 而不失敵之敗也
고선전자 입어불패지지 이불실적지패야
是故 勝兵 先勝而後求戰 敗兵 先戰而後求勝
시고 승병 선승이후구전 패병 선전이후구승

"잘 싸우는 자는 패배하지 않을 위치에 서서 적의 패배를 놓치지 않는다. 그러므로 승리하는 군대는 먼저 이기고 난 다음에 싸우며, 패배하는 군대는 먼저 싸우고 나서 승리를 구한다."

[전투가 개시되기 전에 어느 정도 결정되는 승패의 요소를 극단적으로 유리하게 형성하여 반드시 내리막 싸움을 하라는 의미이다. 승리는 '탈취행위'가 아니라 '확인행위' 이다.]

第五篇 兵勢.

三軍之衆 可使必受敵而無敗者 寄正是也
삼군지중 가사필수적이무패자 기정시야

"군대가 적에게 패하지 않는 것은 기공과 정공이다."

[싸움에 있어서는 정상적인 공격과 변칙적인 공격을 모두 할
줄 알아야 패하지 않는다.]

兵之所加 如以 投卵者 虛實是也
병지소가 여이하투란자 허실시야

"공격할 때 숫돌로서 달걀을 치는 것과 같은 것은 허실이다."

凡戰者 以正合 以奇勝 故善出奇者 無窮如天地 不竭如江河
범전자 이정합 이기승 고선출기자 무궁여천지 불갈여강하

"무릇 싸움은 정공으로 맞서고 기공으로 이긴다. 그러므로 기
공을 잘 쓰는 자는 천지와 같이 끝이 없으며 강하와 같이 마르

지 않는다."

[싸움에 있어서는 정상적인 공격을 잘하는 것도 중요하지만 그것만으로는 모자라며 예상하지 못하는 임기응변의 기공을 잘하는 것이 대단히 중요하다는 의미이다.]

激水之疾 至於漂石者 勢也
격수지질 지어표석자 세야

地鳥之疾 至於毀折者 節也
지조지질 지어훼절자 절야

是故 善戰者 其勢險 其節短 勢如　弩 節如發機
시고 선전자 기세험 기절단 세여확노 절여발기

"세차게 흐르는 물길이 돌을 뜨게 하는 것은 기세이다. 매붙이가 다른 새의 목을 꺾는 것은 절도이다. 그러므로 잘 싸우는 자는 기세가 험하고 절도가 짧다. 기세는 쇠뇌를 당겨놓은 것과 같고, 절도는 방아쇠를 당기는 것과 같다."

紛紛運運　鬪亂而不可亂也 渾渾沌沌形圓而不可敗也
분분운운 투란이불가난야 혼혼돈돈형원이불가패야

"꽃잎과 눈이 휘날리는 것처럼 어지러울 지라도 어지럽게 할 수 없고, 흐려지고 어두워지더라도 패하게 할 수 없다."

[어지럽고 어두운 상황에서라도 침착하고 냉정하게 질서를 지키고 흔들리지 않아야 승리를 기대해 볼 수 있다.]

第六篇 虛實.

孫子曰 凡先處戰地而待敵者佚 後處戰地而趨戰者勞
손자왈 범선처전지이대적자일 후처전지이추전자노

"손자가 이르기를 무릇 싸움터에 먼저 나아가 기다리는 자는
편하고, 뒤늦게 싸움터에 달려가는 자는 수고롭다."

[어떤 싸움에 있어서나 선발주자가 유리하게 국면을 이끌어갈
수 있으므로 되도록 먼저 주도권을 장악하라는 의미이다.]

故敵佚能勞之 飽能飢之 安能動之
고적일능로지 포능기지 안능동지

"그러므로 적이 편안하면 수고롭게 하고, 배부른 것을 배곯게
하고, 안정된 것을 흔들리게 한다."

出其所不趨 趨其所不意 行千里而不勞者 行於無人之地也
출기소불추 추기소불의 행천리이불로자 행어무인지지야
功而必取者 功其所不守也 守而必固者 守其所不攻也
공이필취자 공기소불수야 수이필고자 수기소불공야

"적이 달려가지 않는 곳에 나가고 적이 뜻하지 않는 곳에 달려 간다. 천리를 가도 피로하지 않는 것은 사람이 없는 땅을 가기 때문이요, 공격하여 반드시 빼앗는 것은 그 지키지 않는 곳을 치기 때문이요, 수비하여 반드시 막아내는 것은 공격하지 못하 는 곳을 지키기 때문이다."

故善攻者 敵不知其所守 善守者 敵不知其所攻
고선공자 적부지기소수 선수자 적부지기소공

"그러므로 공격을 잘하는 자는 적이 지켜야 할 곳을 모르게 하 고, 수비를 잘하는 자는 적이 공격할 곳을 모르게 한다."

故形人而我無形 則我專而敵分
고형인이아무형 즉아전이적분
我專爲一 敵分爲十 是以十攻其一也
아전위일 적분위십 시이십공기일야
則我衆而敵寡 能以衆擊寡者 則吾之所與戰者約矣
즉아중이적과 능이중격과자 즉오지소여전자약의

"그러므로 적을 드러나게 하고 나는 드러내지 않으면 나는 집 결하고 적은 분산된다. 나는 하나로 집결하고 적은 열로 분산 되니 이는 열로서 하나를 공격하는 셈이다. 즉 아군은 많고 적 군은 적어, 많은 것으로 적은 것을 공격하는 것이니 싸우기 수 월하다."

第七篇 軍爭.

孫子曰 凡用兵之法 將受命於君 合軍聚衆 交和而舍 莫難於軍
爭
손자왈 범용병지법 장수명어군 합군취중 교화이사 막난어군쟁

"손자가 말하기를 무릇 군사를 부리는 것은 장수가 임금에게
명령을 받고, 군사를 징병하고, 진을 치고 주둔하거니와, 맞싸
워 승리를 다투는 것보다 더 어려운 일은 없다."

[승리는 결코 쉽게 얻어지는 것이 아니다. 승리를 손쉽게 여기
거나 안일하게 생각한다면 이미 패배의 그림자가 짙게 드리우
게 된다.]

軍爭之難者 以迂爲直 以患爲利
군쟁지난자 이우위직 이환위리

"싸워서 이기기 어려운 것은 돌아감으로서 바로 가게 하고 불
리함을 유리하게 하는데 있다."

[이기기가 심히 어려운 경우에는 미련하게 무리한 공격을 하지

말고 그것을 피해 돌아감으로서 오히려 결과적으로 바로 가는
유연성을 갖추라는 말이다.]

故兵以詐立 以利動 以分合爲變者也
고병이사립 이리동 이분합위변자야

"그러므로 싸움은 속임수로서 성립되고, 유리함으로 움직이고,
분산과 집합으로 변화한다."

故其疾如風 其徐如林 侵掠如火 不動如山 難知如陰 動如雷震
고기질여풍 기서여림 침략여화 부동여산 난지여음 동여뢰진

"그러므로 그 빠르기가 바람과 같고, 고요하기가 숲과 같고, 쳐
들어 갈 때는 불길과 같고, 묵직하기가 산과 같고, 알 수 없기
가 어둠과 같고, 움직임은 벼락과 같다."

是故 朝氣銳 晝氣惰 暮氣歸
시고 조기예 주기타 모기귀
故善用兵者 避其銳氣 擊其惰氣 此治氣者也
고선용병자 피기예기 격기타기 차치기자야

"아침의 기운은 날카롭고 낮의 기운은 게으르고 저녁의 기운은
끝난다. 그러므로 잘 싸우는 자는 날카로운 기운을 피하고 게
으른 기운을 공격한다. 이것이 기운을 다스리는 것이다."

[여기서의 아침, 저녁은 꼭 일기상의 것만을 의미하는 것이 아

니라 적의 기운의 변화상태를 은유한 것으로 보인다.]

以治待亂 以靜待譁 此治心者也
이치대란 이정대화 차치심자야

"질서로서 어지러움을 기다리고, 고요함으로서 소란함을 기다
린다. 이것이 마음을 다스리는 것이다."

以近待遠 以佚待勞 以飽待饑 此治力者也
이근대원 이일대로 이포대기 차치력자야

"가까운 것으로 먼 것을 기다리고, 편안한 것으로 수고로운 것
을 기다리고, 배부른 것으로 배고픔을 기다린다. 이것이 힘을
다스리는 것이다."

無邀正正之旗 勿擊堂堂之陣 此治變者也
무요정정지기 물격당당지진 차치변자야

"정연한 깃발을 공격하지 말고, 당당한 진지를 공격하지 말라.
이것이 변화를 다스리는 것이다."

故用兵之法 高陵勿向 脊丘勿逆 佯北勿從
고용병지법 고능물향 척구물역 양배물종

"그러므로 높은 언덕으로는 향하지 않고, 언덕을 등진 적에게
는 거스르지 말고, 거짓으로 도망가는 적을 쫓지 말라."

銳卒勿攻 餌兵勿食 歸師勿　　圍師必闕 窮寇勿迫
예졸물공 이병물식 귀사물알 위사필궐 궁구물박

"사기가 날카로운 적은 공격하지 말고, 유인하는 적은 먹지 말고, 돌아가려는 적은 끊지 말고, 포위된 적은 한 쪽을 터놓고, 궁지에 몰린 적은 끝까지 압박하지 말라."

第八篇 九變.

孫子曰 比地無舍 衢地合交 絶地無留 圍地則謀 死地則戰
손자왈 비지무사 구지합교 절지무유 위지즉모 사지즉전

"손자가 말하기를 비지에서는 묵지 말고, 구지에서는 교섭하고,
절지에서는 머물지 말고, 위지에서는 곧 꾀하고, 사지에서는
곧 싸운다."

[비지는 언덕이 무너진 곳처럼 행군하기 불편한 곳이니 숙영하
지 말라는 의미이고, 구지는 진퇴가 용이한 곳이니 빼앗아 봐
야 뺏기기도 쉬우므로 싸움보다는 교섭으로 얻으라는 의미이
고, 절지는 사람이 살지 않는 외진 곳이니 보급 등의 문제로
오래 머무르지 말라는 의미이고, 위지는 사방이 막혀 완전히
포위된 곳이니 계략으로 벗어날 것을 의미하며, 사지는 전진도
후퇴도 불가능한 위험한 곳을 말하는데 이 경우에는 손무로서
도 별 수 없었는지 무조건 싸워서 벗어나라는 의미이다.]

是故 智者之慮 必雜於利害 雜於利而務可信也 雜於害而患可解
也

시고 지자지려 필잡어이해 잡어리이무가신야 잡어해이환가해야

"그러므로 지혜로운 자의 생각에는 반드시 이익과 손해가 섞여 있다. 이익에 손해가 섞여 있기 때문에 발전할 수 있고, 손해에도 이익이 섞여 있기 때문에 근심을 해결할 수 있다."

是故 屈諸侯者以害 役諸侯者以業 趨諸侯者以利
시고 굴제후자이해 역제후자이업 추제후자이리

"그러므로 제후들을 굴복시키고자하는 자는 해로움으로서 하고, 제후들을 부리고자 하는 자는 일로서 하고, 제후들을 달려 나오게 하는데는 이익으로서 한다."

[남들이 내게 굴종하는 이유는 대들면 오히려 자신들에게 해롭기 때문이며, 반대로 이익을 준다면 반드시 뛰쳐나오게 되어 있다.]

故用兵之法 無恃其不來 恃吾有以待也 無恃其不攻 恃吾有所不可攻也
고용병지법 무시기불래 시오유이대야 무시기불공 시오유소불가공야

"그러므로 싸움에는 적이 오지 않을 것을 믿지 말고, 내가 대비하고 있음을 믿어야 하며, 적이 공격하지 않을 것을 믿지 말고, 나를 공격할 수 없는 바를 믿어야 한다."

[내가 적을 노리는 것과 마찬가지로, 적도 내 숨통을 노리고 있다는 원칙을 잊어서는 안된다.]

第九篇 行軍.

孫子曰　凡處軍相敵　絶山依谷　視生處高　戰隆無登　此處山之軍
也
손자왈 범처군상적 절산의곡 시생처고 전륭무등 차처산지군야

"손자가 말하기를 무릇 행군에는 적의 정세를 살펴야 한다. 산
을 넘어 골짜기에 의지하고, 시야가 트인 높은 곳으로 행군하
며, 높은 곳의 적을 올라가서 치지 않는다. 이것이 산에서의
행군이다."

絶水必遠水　敵絶水而來　勿迎之於水內　令半濟而擊之利
절수필원수 적절수이래 물영지어수내 영반제이격지리
欲戰者無附於水而迎敵　視生處高　無迎水流　此處水上之軍也
욕전자무부어수이영적 시생처고 무영수류 차처수상지군야

"물을 건너면 반드시 물에서 멀리하라. 적이 물을 건너올 때
물 속에서 맞이하지 말고 반쯤 건넜을 때 공격하면 유리하다.
싸우고자 하는 자는 물가에 붙어 맞이하지 말라. 시야가 트인
높은 곳으로 행군하며, 상류의 적을 거슬러 치지 않는다. 이것

이 물가에서의 행군이다."

絶斥澤 唯極去無留 若交軍於斥澤之中 必依水草而背衆樹 此處斥澤之軍也
절척택 유극거무류 약교군어척택지중 필의수초이배중수 차처척택지군야

"늪을 건너갈 때 오직 빨리 지나가며 머무르지 않는다. 늪에서 교전하게 되면 반드시 수초를 의지하고 나무를 등지고 싸운다. 이것이 늪에서의 행군이다."

平陸處易而右背高 前死後生 此處平陸之軍也 凡此四軍之利 黃帝之所以勝四帝也
평륙처이이우배고 전사후생 차처평륙지군야 범차사군지리 황제지소이승사제야

"평지에서는 용이한 곳에 진을 친다. 오른쪽에 높은 언덕을 등지고 초목이 없는 곳을 앞으로 하고 초목이 무성한 곳을 뒤로한다. 이것이 평지에서의 행군이다. 무릇 이 네 가지 행군의 이점은 황제가 사제에게 이긴 바이다."

凡軍好高而惡下 貴陽而賤陰 養生而處實 軍無百疾 是謂必勝
범군호고이오하 귀양이천음 양생이처실 군무백질 시위필승

"무릇 군대는 높은 곳을 좋아하고 낮은 곳을 싫어하며 양지를

귀하게 여기고 음지를 천하게 여긴다. 위생에 충실하면 군대에 질병이 없어지니 이를 필승이라고 한다."

丘陵堤防　必處其陽而右背之　此兵之利　地之助也　上雨水沫至
欲涉者待其定也
구릉제방 필처기양이우배지 차병지리 지지조야 상우수말지 욕
섭자대기정야

"언덕이나 둑에서는 반드시 양지에 진을 치고 오른쪽을 등지도록 하여야 한다. 이것이 싸움에 이로운 바이며 지형의 도움을 얻는 길이다. 상류에 비가 오면 거품이 일 것이니 건너고자 하는 자는 물길이 안정되기를 기다려야 한다."

凡地有絶澗天井天牢天羅天陷天隙　必極去之　勿近也
범지유절간천정천뢰천라천함천극 필극거지 물근야
吾遠之　敵近之　吾迎之　敵背之
오원지 적근지 오영지 적배지

"무릇 지형에 절벽으로 둘러싸인 골짜기, 깊게 파인 분지, 험난한 산으로 둘러싸인 곳, 초목이 빽빽한 곳, 깊은 수렁, 산과 산 사이의 좁은 곳이 있으면 반드시 빨리 지나가 가까이 하지 않는다. 나는 멀리 떠나고 적은 가까이 오도록 하며 나는 이를 마주보며 적은 이를 등지게 한다."

軍旁有險阻潢井　蒹葭林木蘙薈者　必謹覆索之　此伏姦之所處也
군방유험조황정　겸가임목예회자 필근복색지 차복간지소처야

"군대의 근처에 험한 산이나 깊은 웅덩이, 갈대밭, 숲, 풀이 무성한 곳이 있으면 반드시 조심하여 거듭 수색해야 한다. 이는 복병이 숨기 쉬운 곳이다."

近而靜者 恃其險也 遠而挑戰者 欲人之進也 其所居易者 利也
근이정자 시기험야 원이도전자 욕인지진야 기소거이자 리야

"가까우면서도 고요한 것은 그 험한 것을 믿기 때문이고, 멀면서도 도전하는 것은 나와주기를 바라기 때문이며, 평지에 진을 치는 것은 지리적인 이점이 있기 때문이다."

辭卑而益備者進也 辭强而進驅者退也 無約而請和者謀也
사비이익비자진야 사강이진구자퇴야 무약이청화자모야

"말은 겸손하면서 대비를 굳게 하는 자는 진격할 뜻이 있는 것이다. 말이 강경하면서 진격할 기세를 보이는 자는 퇴각할 뜻이 있는 것이다. 어려움 없이 화해를 청하는 자는 계략이 있는 것이다."

來委使者 欲休息也 兵怒而相迎 久而不合 又不相去 必謹察之
내위사자 욕휴식야 병노이상영 구이불합 우불상거 필근찰지

"사자를 보내 인사하는 것은 휴식할 시간을 얻고자 하는 것이다. 군대가 서로 성내어 마주하여 오랫동안 맞붙지도 물러서지도 않을 때에는 반드시 조심하여 살펴야 한다."

兵非益多也 惟無武進 足以併力料敵取人而已
병비익다야 유무무진 족이병력요적취인이이
夫惟無慮而易敵者 必擒於人
부유무려이이적자 필금어인

"병사의 수가 많다고 유리한 것은 아니다. 함부로 진격하지 말고 전력을 합치며 적을 헤아려서 취하면 족한 것이다. 생각 없이 적을 쉽게 여기는 자는 반드시 적에게 사로잡힌다."

第十篇 地形.

我可以往 彼可以來 曰通 通形者 先居高陽 利糧道以戰則利
아가이왕 피가이래 왈통 통형자 선거고양 이량도이전즉리

"나도 갈 수 있고 적도 올 수 있는 곳을 통이라 한다. 통형에
서는 높고 양지바른 곳을 먼저 차지하고 보급선을 튼튼히 해두
고 싸우면 이롭다."

可以往 難以返 曰掛
가이왕 난이반 왈괘
掛形者 敵無備 出而勝之 敵若有備 出而不勝 難以返 不利
괘형자 적무비 출이승지 적약유비 출이불승 난이반 불리

"갈 수는 있으나 돌아오기가 어려운 곳을 괘라 한다. 괘형에서
는 적이 준비가 없으면 나가서 이길 수 있으나, 만일 적이 준
비가 되어 있어 이기지 못할 경우에는 되돌아오기 어려우므로
불리하다."

[괘형이란 들어가는 길목은 좁은데 안은 넓직한 항아리 같은
형상의 지형으로 흡사 매달아 놓은 항아리 같다고 해서 걸어놓

을 괘자를 쓴다. 괘형에서는 특히 철수하기가 어려우므로 반드시 이길 자신이 있을 때에만 공격하라는 의미이다.]

我出而不利 彼出而不利 曰支
아출이불리 피출이불리 왈지
支形者 敵雖利我 我無出也 引而去之 令敵半出而擊之利
지형자 적수리아 아무출야 인이거지 영적반출이격지리

"내가 나가기에 불리하고 적이 나가기도 불리한 곳을 지라 한다. 지형에서는 적이 비록 나를 이롭게 하더라도 나가지 말아야 하며, 그 자리를 떠나서 적을 반쯤 나오게 하여 치면 이롭다."

隘形者 我先居之 必盈之以待敵 若敵先居之 盈而勿從 不盈而從之
애형자 아선거지 필영지이대적 약적선거지 영이물종 불영이종지

"애형에서는 내가 먼저 차지하여 반드시 충실하게 적을 기다리며, 만약 적이 먼저 차지하고 있으면 이를 쫓지 말고 충실하지 않을 때에만 쫓아야 한다."

[애형이란 비좁고 통로가 하나뿐인 지형을 말한다. 이러한 지형은 당연히 먼저 선점하는 쪽이 유리하다.]

險形者 我先居之 必居高陽以待敵 若敵先居之 引而去之 勿從

也
험형자 아선거지 필거고양이대적 약적선거지 인이거지 물종야

"험형에서는 내가 먼저 차지하여 반드시 높고 양지바른 곳에서 적을 기다리며, 만일 적이 먼저 차지하고 있으면 물러나서 쫓지 않아야 한다."

遠形者 勢均難以挑戰 戰而不利
원형자 세균난이도전 전이불리

"원형에서는 세가 균등하면 싸우기가 어려우며 싸워서 이롭지 않다."

[멀리 떨어져 있는 적과는 싸우기도 어려울뿐더러 싸워도 그다지 이익이 남지 않기 때문에 삼가라는 의미이다.]

凡此六者 地之道也 將之至任 不可不察也
범차육자 지지도야 장지지임 불가불찰야

"무릇 이 여섯 가지는 땅의 길이며 장수의 지극한 소임이니 살피지 않을 수 없다."

第十一篇 九地.

所謂古之善用兵者 能使敵人前後不相及 衆寡不相恃
소위고지선용병자 능사적인전후불상급 중과불상시
貴賤不相救 上下不相收 卒離而不集 兵合而不齊
귀천불상구 상하불상수 졸리이불집 병합이불제

"이른바 옛부터 용병을 잘하는 자는 적으로 하여금 앞뒤가 미
치지 못하게 하며, 대부대와 소부대가 서로 믿지 못하게 하며,
장교와 사병이 서로 구원하지 못하게 하며, 상하가 서로 돕지
못하게 하고, 병사가 흩어져 모이지 못하게 하며, 모인다 하더
라도 질서가 잡히지 못하게 한다."

敢問 敵衆整而將來 待之若何 曰先奪其所愛則聽矣
감문 적중정이장래 대지약하 왈선탈기소애즉청의
兵之情主速 乘人之不及 由不虞之道 攻其所不戒也
병지정주속 승인지불급 유불우지도 공기소불계야

"대군이 전열을 정비하고 공격해오면 어찌 대처할 지를 감히
묻는다면, 먼저 적이 아끼는 것을 빼앗아야 한다고 말할 것이
다. 싸움의 성정은 주로 속도이니 적이 미치지 못하는 것을 이

용하여, 생각하지 못하는 길을 따라, 경계하지 못하는 곳을 공격한다."

故善用兵者 譬如率然 率然者 常山之蛇也
고선용병자 비여솔연 솔연자 상산지사야
擊其首則尾至 擊其尾則首至 擊其中則首尾俱至
격기수칙미지 격기미칙수지 격기중칙수미구지

"그러므로 잘 싸우는 자는 솔연과 같다. 솔연은 상산의 뱀으로 그 머리를 치면 꼬리가 덤비고, 꼬리를 치면 머리가 덤비고, 그 중간을 치면 머리와 꼬리가 함께 덤빈다."

[상산이란 5악의 하나로, 현재 중국 산서성의 항산을 말하며 솔연은 항산에 산다는 뱀으로 전설상의 동물이다.]

是故 不知諸侯之謀者 不能豫交
시고 부지제후지모자 불능예교
不知山林險阻沮澤之形者 不能行軍
부지산림험조저택지형자 불능행군
不用嚮導者 不能得地利
불용향도자 불능득지리

"그러므로 제후들의 계략을 알지 못하는 자는 외교를 맺을 수 없고, 산림과 험난한 곳과 늪지대의 지형을 알지 못하는 자는 행군을 할 수 없고, 길잡이를 쓰지 않는 자는 지형의 이로움을 얻을 수 없다."

是故 始如處女 敵人開戶 後如脫兎 敵不及拒
시고 시여처녀 적인개호 후여탈토 적불급거

"그러므로 처음에는 얌전한 처녀처럼 시작하지만, 적이 문을
열면 뛰쳐나온 토끼처럼 적이 미처 항거하지 못하게 한다."

第十二篇 火攻.

行火必有因 煙火必素具 發火有時 起火有日
행화필유인 연화필소구 발화유시 기화유일

"불을 일으키는 데에는 반드시 이유가 있어야 하며 불을 붙이
는 재료는 반드시 갖추고 있어야 한다. 불을 지르는 데에 때가
있고, 불을 일으키는 데에 날이 있다."

凡火攻 必因五火之變而應之
범화공 필인오화지변이응지
火發於內 則早應之於外
화발어내 즉조응지어외
火發兵靜者 待而勿攻
화발병정자 대이물공
火可發於外 無待於內 以時發之
화가발어외 무대어내 이시발지
火發上風 無攻下風
화발상풍 무공하풍

"무릇 화공은 다섯가지 불의 변화에 따라 대응하여야 한다. 불
이 안에서 일어나면 곧 밖에서도 호응하여 공격하고, 불이 났

는데도 적진이 고요하면 때를 기다려서 공격하고, 불이 바람부는 위쪽에서 일어났으면 바람 부는 아래쪽에서 공격하지 말아야 한다."

故以火佐攻者明 以水佐攻者强 水可以絶 不可以奪
고이화좌공자명 이수좌공자강 수가이절 불가이탈

"그러므로 화공으로서 공격을 돕는 것은 명백하고, 수공으로서 공격을 돕는 것은 강력하다. 수공은 끊을 수는 있어도 빼앗을 수는 없다."

主不可以怒而興師 將不可以　而致戰 合於利而動 不合於利而止
주불가이노이흥사 장불가이온이치전 합어리이동 불합어리이지
怒可以復喜 瑥可以復悅 亡國不可以復存 死者不可以不生
노가이부희 온가이부열 망국불가이부존 사자불가이부생

"군주는 한때의 분노로 전쟁을 일으켜서는 아니 되며, 장수는 성난다고 하여 전쟁을 벌여서는 아니 된다. 이익에 합치해야 움직이고 이익에 합치하지 않으면 그쳐야 한다. 노한 것은 다시 기뻐질 수 있고 성난 것도 다시 기뻐질 수 있지만, 한번 망한 나라는 다시 있을 수 없고 죽은 자는 다시 살아날 수 없다."

[당연한 말이지만, 분노 때문에 싸움을 벌이는 것은 하찮은 불량배들이나 하는 짓이다.]

第十三篇 用間.

故明君賢將 所以動而勝人 成功出於衆者 先知也
고명군현장 소이동이승인 성공출어중자 선지야

"그러므로 현명한 군주와 장군이 움직여 승리하며 뛰어난 성공
을 거두는 까닭은 적정을 먼저 알아차리기 때문이다."

鄕間者 因其鄕人而用之也
향간자 인기향인이용지야
內間者 因其官人而用之也
내간자 인기관인이용지야
反間者 因其敵間而用之也
반간자 인기적간이용지야
死間者 爲鑛事於外 令吾間知之 而傳於敵也
사간자 위광사어외 영오간지지 이전어적야
生間者 反報也
생간자 반보야

"향간은 적의 고장사람으로서 쓰는 것이고, 내간은 적의 관리
로서 쓰는 것이고, 반간은 적의 간첩으로서 쓰는 것이고, 사간

은 일을 속여서 적에게 알리게 하며, 생간이란 돌아와 보고하게 하는 것이다."

非聖知不能用間 非仁義不能使間 非微妙不能得間之實
비성지불능용간 비인의불능사간 비미묘불능득간지실

"뛰어난 지혜가 아니면 간첩을 쓸 수 없고, 어질고 의롭지 못하면 간첩을 부릴 수 없으며, 미묘하지 않으면 간첩의 실리를 얻을 수 없다."

凡軍之所欲擊 城之所欲攻 人之所欲殺
범군지소욕격 성지소욕공 인지소욕살
必先知其守將左右謁者門者舍人之姓名 令吾間必索知之
필선지기수장좌우알자문자사인지성명 영오간필색지지

"무릇 치고자하는 군대와 공격하고자하는 성과 죽이려는 사람이 있는 경우에는, 반드시 먼저 그 지키는 장수와 좌우의 측근, 당번, 문지기, 심부름꾼의 이름을 아군의 간첩으로 하여금 찾아서 알아내야 한다."

대학과 손자병법을 읽으며

초판 발행 2023년 8월 15일

지은이   정태성
펴낸이   도서출판 코스모스
펴낸곳   도서출판 코스모스
주소 충북 청주시 서원구 신율로 13
전화 043-234-7027
팩스 050-7535-7027

ISBN   979-11-91926-89-7

값 12,000원